TRABALHADORES EM MOVIMENTO
O MST E A EDUCAÇÃO DO CAMPO NO NORTE
DO ESPÍRITO SANTO

Editora Appris Ltda.
1.ª Edição - Copyright© 2024 dos autores
Direitos de Edição Reservados à Editora Appris Ltda.

Nenhuma parte desta obra poderá ser utilizada indevidamente, sem estar de acordo com a Lei nº 9.610/98. Se incorreções forem encontradas, serão de exclusiva responsabilidade de seus organizadores. Foi realizado o Depósito Legal na Fundação Biblioteca Nacional, de acordo com as Leis nos 10.994, de 14/12/2004, e 12.192, de 14/01/2010.

Catalogação na Fonte
Elaborado por: Josefina A. S. Guedes
Bibliotecária CRB 9/870

B178t
2024

Baldotto, Ozana Luzia Galvão
 Trabalhadores em movimento: o MST e a educação do campo no norte do Espírito Santo / Ozana Luzia Galvão Baldotto, Ailton Pereira Morila. – 1. ed. – Curitiba: Appris, 2024.
 122 p. ; 21 cm. – (Educação, tecnologia e transdisciplinaridade).

 Inclui referências.
 ISBN 978-65-250-5839-9

 1. Educação rural – Espírito Santo. 2. Trabalhadores rurais. 3. Camponeses. 4. Reforma agrária. I. Morila, Ailton Pereira. II. Título. III. Série.

CDD – 370.91734

Livro de acordo com a normalização técnica da ABNT

Editora e Livraria Appris Ltda.
Av. Manoel Ribas, 2265 – Mercês
Curitiba/PR – CEP: 80810-002
Tel. (41) 3156 - 4731
www.editoraappris.com.br

Printed in Brazil
Impresso no Brasil

Ozana Luzia Galvão Baldotto
Ailton Pereira Morila

TRABALHADORES EM MOVIMENTO
O MST E A EDUCAÇÃO DO CAMPO NO NORTE DO ESPÍRITO SANTO

FICHA TÉCNICA

EDITORIAL	Augusto V. de A. Coelho
	Sara C. de Andrade Coelho
COMITÊ EDITORIAL	Marli Caetano
	Andréa Barbosa Gouveia - UFPR
	Edmeire C. Pereira - UFPR
	Iraneide da Silva - UFC
	Jacques de Lima Ferreira - UP
SUPERVISOR DA PRODUÇÃO	Renata Cristina Lopes Miccelli
PRODUÇÃO EDITORIAL	Miriam Gomes
REVISÃO	Josiana Araújo Akamine
DIAGRAMAÇÃO	Renata Cristina Lopes Miccelli
CAPA	Eneo Lage

COMITÊ CIENTÍFICO DA COLEÇÃO EDUCAÇÃO, TECNOLOGIAS E TRANSDISCIPLINARIDADE

DIREÇÃO CIENTÍFICA Dr.ª Marilda A. Behrens (PUCPR)   Dr.ª Patrícia L. Torres (PUCPR)

CONSULTORES

- Dr.ª Ademilde Silveira Sartori (Udesc)
- Dr. Ángel H. Facundo (Univ. Externado de Colômbia)
- Dr.ª Ariana Maria de Almeida Matos Cosme (Universidade do Porto/Portugal)
- Dr. Artieres Estevão Romeiro (Universidade Técnica Particular de Loja-Equador)
- Dr. Bento Duarte da Silva (Universidade do Minho/Portugal)
- Dr. Claudio Rama (Univ. de la Empresa-Uruguai)
- Dr.ª Cristiane de Oliveira Busato Smith (Arizona State University /EUA)
- Dr.ª Dulce Márcia Cruz (Ufsc)
- Dr.ª Edméa Santos (Uerj)
- Dr.ª Eliane Schlemmer (Unisinos)
- Dr.ª Ercilia Maria Angeli Teixeira de Paula (UEM)
- Dr.ª Evelise Maria Labatut Portilho (PUCPR)
- Dr.ª Evelyn de Almeida Orlando (PUCPR)
- Dr. Francisco Antonio Pereira Fialho (Ufsc)
- Dr.ª Fabiane Oliveira (PUCPR)
- Dr.ª Iara Cordeiro de Melo Franco (PUC Minas)
- Dr. João Augusto Mattar Neto (PUC-SP)
- Dr. José Manuel Moran Costas (Universidade Anhembi Morumbi)
- Dr.ª Lúcia Amante (Univ. Aberta-Portugal)
- Dr.ª Lucia Maria Martins Giraffa (PUCRS)
- Dr. Marco Antonio da Silva (Uerj)
- Dr.ª Maria Altina da Silva Ramos (Universidade do Minho-Portugal)
- Dr.ª Maria Joana Mader Joaquim (HC-UFPR)
- Dr. Reginaldo Rodrigues da Costa (PUCPR)
- Dr. Ricardo Antunes de Sá (UFPR)
- Dr.ª Romilda Teodora Ens (PUCPR)
- Dr. Rui Trindade (Univ. do Porto-Portugal)
- Dr.ª Sonia Ana Charchut Leszczynski (UTFPR)
- Dr.ª Vani Moreira Kenski (USP)

Aos educadores e educadoras dos diversos territórios campesinos...

Aos estudantes que lutam dia após dia para chegarem e permanecerem na escola do campo...

A todos e todas que lutam e resistem na e pela Educação do Campo rumo à construção de uma sociedade que valorize os trabalhadores e trabalhadoras.

AGRADECIMENTOS

A Deus.

Agradeço à minha mãe, Angela Maria Galvão, e à minha avó, Marcionila Batista Galvão (*in memoriam*), por serem referências de mulheres e estarem ao meu lado me impulsionando nos diversos momentos da vida.

Às minhas queridas/os irmãs/os e sobrinhas/os, pelas palavras de força e incentivo.

Ao meu esposo, Antelmo Ralph Falqueto, pelo companheirismo e encorajamento nos momentos difíceis.

Ao filho, Heitor, que acompanhou a organização deste livro durante a gestação, com nascimento em maio de 2024.

À Universidade Federal do Espírito Santo, especialmente ao Departamento de Educação e Ciências Humanas – Ceunes, pela oferta do Curso de Pós-Graduação *lato sensu* – Especialização em Ensino na Educação Básica em 2010, que oportunizou a realização desta pesquisa.

Um agradecimento especial ao grande mestre Prof. Dr. Ailton Pereira Morila, por seus ensinamentos, por sua confiança e apoio sempre constantes durante a orientação deste trabalho.

Aos entrevistados Maria Zelinda Gusson, Magnólia de Souza Maia, Dom Aldo Gerna, João Marré e Valdinar dos Santos, que se colocaram à disposição, acolhendo e enriquecendo a realização deste trabalho.

À Prof.ª Dr.ª Regina Celia Mendes Senatore e à Prof.ª Ms. Gisele Lourençato Faleiros da Rocha (*in memoriam*), pelas relevantes contribuições na avaliação da pesquisa.

A todos os professores do curso de Especialização em Educação Básica, atualmente, o Programa de Pós-Graduação em Ensino na Educação Básica – Ceunes/Ufes, pelos ensinamentos, dedicação e orientações durante os encontros. *Vocês fizeram uma grande diferença na minha vida formativa em 2010!*

À equipe da EMEIEF "Assentamento Zumbi dos Palmares", pelo apoio constante durante a trajetória deste trabalho e por possibilitar momentos relevantes de aprendizagens sobre o "que fazer" em uma escola campesina em território de assentamento.

Ao Setor de Educação do MST - ES, por todo o apoio para a realização da pesquisa e desta obra. A essa companheirada, a eterna gratidão por todos os momentos formativos oportunizados em minha trajetória e na de tantos outros educadores e educadoras!

Aos amigos do Curso de Especialização de Ensino na Educação Básica – Ceunes/Ufes, pela amizade, companhia, pelos risos, abraços e pelas palavras de apoio! Estudamos e discutimos muito... foram vários sábados e encontros semanais à noite... momentos inesquecíveis!

Aos companheiros Dalva Mendes e Irineu Gonçalves Pereira, pela atenção e considerações durante a pesquisa e no cerne desta produção.

Ao Prof. Dr. Damián Sánchez Sánchez que acolheu a apresentação deste livro e fez parte da minha formação na licenciatura em Pedagogia, o meu primeiro orientador.

Ao amigo Fernando Vittorazzi Braz, pela mão acolhedora em todos os momentos, principalmente quando o assunto é tecnológico. Gratidão por organizar o QR Code do livro para acesso às entrevistas!

Ozana Luzia Galvão Baldotto

Doutoranda pelo Programa de Pós-Graduação em Educação – PPGE/UFES.

APRESENTAÇÃO

Este livro é resultado das pesquisas "Trabalhadores em movimento: o MST e a Educação do Campo no norte do Espírito Santo", realizadas pela educadora Ozana Luzia Galvão Baldotto, com a orientação do Prof. Dr. Ailton Pereira Morila, vinculadas ao Curso de Pós-Graduação *lato sensu* – Especialização em Ensino na Educação Básica ofertado em 2010. Neste livro, encontraremos reflexões, dados, experiências e "movimentos", fluxos, "devir-ser" tanto dos trabalhadores quanto da Educação do Campo em uma simbiose única e múltipla que se entrelaça entre as demandas, avanços, recuos dos trabalhadores, como sujeitos de direitos, e uma educação própria e apropriada no/do/com o campo.

O olhar de Ozana e sua leitura da Educação do Campo e dos trabalhadores é realizado a partir de dois grandes eixos: Histórico do Movimentos dos Trabalhadores Sem Terra e a Educação do Campo.

O escopo da investigação, conforme afirma a autora, é o de "rememorar a gênese e a organização do Movimento dos Trabalhadores Rurais Sem Terra (MST) no Espírito Santo, retratando seu início no município de São Mateus [...] e perceber como a educação foi pensada nos acampamentos e assentamentos [...]".

A pesquisa vem se somar a outros trabalhos sobre o MST e a Educação do Campo com uma particularidade muito específica: sua gênese, organicidade, pressupostos e "movimentos" no norte do ES. As reflexões apontam para um horizonte onde possa se entender melhor os processos, as práticas e as políticas da Educação do Campo no ES.

Conclui-se que, para se propor e se construir políticas públicas adequadas à educação dos povos do campo, torna-se necessário considerar os contextos e os movimentos gerados pelos trabalhadores do campo em direção a uma Educação do Campo que lhes permita, nas palavras de Miguel Arroyo, "garantir o direito de saber-se".

Prof. Dr. Damián Sánchez Sánchez
Licenciatura em Educação do Campo – Ciências Humanas e Sociais/Ciências da Natureza – Ceunes/Ufes

PREFÁCIO

É com grande satisfação que aceitei o desafio de escrever o prefácio deste livro da companheira, militante, Prof.ª Ozana Luzia Galvão Boldotto, fruto de sua monografia de especialização orientada pelo Prof. Ailton Pereira Morila, tarefa que me foi confiada coletivamente pelo Setor de Educação MST - ES, que acolhi com compromisso. Ambos contribuíram com a criação da Licenciatura em Educação do Campo, no Campus de São Mateus, camaradas envolvidos com a Educação do Campo capixaba, desde a Educação Infantil ao Ensino Superior. Uma educação engajada, comprometida com a formação integral dos povos do campo, com a socialização e produção de conhecimentos, educação esta, que busca em sua *práxis*, um novo jeito de potencializar a essência da vida – a agroecologia – e escapar das amarras do capital.

Dispomos de uma obra tecida por muitas mãos, mentes e corações pulsantes, ainda que sistematizada há 12 anos (2011). Essa elaboração evidencia fatos históricos e reflexões que poucos livros ousaram sinalizar em suas produções. Percebe-se explicitamente o engajamento político da pesquisadora e do pesquisador ao estabelecer um olhar cuidadoso da trajetória formativa e em construção desse Movimento, conectado a seus pilares: terra, reforma agrária e transformação social. Além disso, focalizam principalmente o debate do percurso do MST e da Educação do Campo no norte do Espírito Santo. Ao mesmo, tempo trazem uma abordagem reflexiva, experienciada por múltiplos atores aguerridos deste livro, o que nos anima a seguirmos pesquisando, descobrindo novos conhecimentos, rumo a uma sociedade justa, livre de todas as formas de injustiças e preconceitos.

Os autores compartilham conosco o delineamento e a organização do Movimento Sem Terra no Espírito Santo. Revelam como essa primavera vai se configurando no município de São Mateus e nos presenteiam com histórias marcantes de atores envolvidos nessa materialidade, experiências estas que certamente ainda não foram desveladas por outros pesquisadores no estado. Comungam também as peculiaridades da educação em territórios camponeses coordenados pelo MST, sua organização em âmbito local e nacional. Destacam ainda a articulação do Movimento com outras organizações sociais desse campo de atuação e com a sociedade civil, sem perder de vista a essência filosófica e metodológica de seus princípios.

Os sujeitos que compõem a historiografia deste livro, muito mais do que narrar o que viveram em meados da década de 1980, início de 1990, dão vida a cada página. Ao mesmo tempo que expressam com indignação o período violento do final da ditadura militar em que trabalhadoras e trabalhadores foram expulsos de suas raízes. Expressam um contexto social, político e econômico, em que se aprofunda a concentração de terra e de riqueza, e acentua o crescente desemprego, fome e miséria. Um cenário contraditório, o que exigiu e exige da classe trabalhadora muita organização e luta, culminando assim na gestação do MST, enquanto continuadores desta luta, como recorda Magnólia de Souza Maia ao afirmar que "[...] *o Brasil nasceu condenado ou marcado pela miséria do latifúndio*". Rememoram também com emoção, leveza e entusiasmo suas experiências latentes, em busca de uma sociedade nova. Esses protagonistas expressaram na mística do existir, o quanto lutaram com bravura, coragem e ousadia, como enfatiza Maria Zelinda Gusson, ao expressar com satisfação a conquista de diversas famílias acampadas: "*[...] hoje tem muitos assentamentos, então muita gente saiu daquela miséria né*".

No entanto, a manifestação dessas experiências de vida, envolvendo o nascimento do MST e sua mobilização na luta pela terra no ES, expressas, a partir de memórias vivas, só foram possíveis porque cientistas envolvidos com a causa do povo oprimido se comprometeram em escutar lideranças de Sindicatos dos Trabalhadores Rurais – STRs combatíveis, da Diocese de São Mateus, juntamente à Comissão Pastoral da Terra – CPT e atores/militantes do próprio Movimento que não temeram em contribuir de alguma maneira com a ocupação do latifúndio, em um período de violenta repressão, em que muitas vidas foram tombadas.

O leitor encontrará neste livro um recorte da luta pela terra, sinalizando a participação de outros movimentos sociais do campo, processos de negociação na luta pela terra no ES, que, posteriormente, culminou na contextualização da origem do Movimento Sem Terra no norte do Espírito Santo. Demarca a trajetória organizativa e de enfrentamento ao latifúndio, seus conflitos e tensões, assim como a estruturação da União Democrática Ruralista – UDR, que se configura como forma de reação à organicidade e lutas do MST, na expectativa de desmobilizá-lo com diversas práticas de perseguição, repressão e violência e impedir a aprovação de leis que pudessem favorecer o avanço da reforma agrária no país.

As abstrações presentes nesta obra ecoam a emergência de mudanças estruturais no país, assim como no estado, considerando que o momento histórico em questão aflorou muitos conflitos. Uma "terra sem lei", de onde emerge um povo organizado que ousa pensar com e no seio do próprio Movimento, uma educação que pudesse contemplar as características, necessidades e sonhos de sua gente. E em meio a confrontos armados, a *práxis* se constitui por compreender que é preciso estudar e refletir constantemente sobre sua prática. E nessa marcha vão ressignificando sua prática formativa, construindo um novo jeito de fazer educação nas escolas de acampamentos e assentamentos, experiência que se fortalece com seu alcance em nível nacional.

O Movimento Sem Terra, ao assumir e educação como uma de suas bandeiras de luta em território nacional, abraça esse que fazer da mesma maneira (FREIRE, 2005), em suas áreas de acampamentos e assentamentos, tendo como base seus princípios filosóficos, metodológicos e pedagógicos, ancorados à sua Pedagogia em movimento, reconhecida pelos autores como uma prática construída e fortalecida dentro dos princípios do MST. Nessa seara, a percepção da importância do MST na construção da Educação do Campo é reconhecida, como parte dessa luta.

Esperamos que os leitores e leitoras se sintam instigados/instigadas a buscar coletivamente suplantar os interesses do capital, frente ao panorama histórico do Movimento Sem Terra no ES, retratado neste livro, na década passada, assim como as práticas de perseguição ao MST, que se intensifica na atual conjuntura, em que a Câmara de Deputados instaura a Comissão Parlamentar de Inquérito – CPI, na investida de criminalizar o referido Movimento Social. Sistema este que no campo se agrega à roupagem do agronegócio, amparado pelo Estado burguês, aliado à hegemonia empresarial, a exemplo da ONG Espírito Santo em Ação, que no estado intensifica os mecanismos de violência praticada aos povos do campo, destrói a natureza, explora, contamina nossa mãe terra, os trabalhadores e trabalhadoras e os alimentos pelo uso indiscriminado de agrotóxicos, além da tentativa de expulsar e dizimar a cultura desses povos.

Essa realidade implica o exercício de uma leitura crítica do mundo, com o mundo, e nos encoraja a seguir aspirando uma nova realidade, tendo como sementeira uma *práxis* formativa que contemple todas as dimensões humanas, que aponte como horizonte o aprimoramento da ação política, da troca e produção de saberes que subsidiem a construção efetiva da Reforma Agrária construída pelo povo – a Reforma Agrária Popular! Pautada na política de produção de alimentos saudáveis e que anuncie práticas e valores societários, que permite aproximar da utopia de um campo vivo, alegre e digno de semear amorosidade, respeito, sonhos, partilhar saberes na relação com os outros e com a natureza, que vislumbre no raiar de um novo dia, uma outra sociedade que precisa florescer.

Pinheiros - ES, agosto de 2023.

Dalva Mendes de França
Setor de Educação MST - ES
Doutora em Educação – PPGE/UFES
Educadora do CMEI "Assentamento Olinda II" e da EEEFM "Saturnino Ribeiro dos Santos".

E se somos Severinos
iguais em tudo na vida,
morremos de morte igual,
mesma morte severina:
que é a morte de que se morre
de velhice antes dos trinta,
de emboscada antes dos vinte
de fome um pouco por dia
(de fraqueza e de doença
é que a morte Severina
ataca em qualquer idade,
e até gente não nascida).

(João Cabral de Melo Neto)

LISTA DE SIGLAS

AGB	Associação dos Geógrafos Brasileiros
Andes	Associação Nacional dos Docentes de Ensino Superior
Abra	Associação Brasileira de Reforma Agrária
CAE	Conselho de Alimentação Escolar
CEBs	Comunidades Eclesiais de Base
CEB	Câmara de Educação Básica
CEE	Conselho Estadual de Educação
Ceffa	Centro Familiar de Formação em Alternância
Ceforma	Centro de Formação Maria Olinda
Ceunes	Centro Universitário Norte do Espírito Santo
Ceris	Centro de Estatísticas Religiosas e Investigações Sociais
CNE	Conselho Nacional de Educação
CME	Conselho Municipal de Educação
Cidap	Centro Integrado de Desenvolvimento dos Assentados e Pequenos Agricultores
Cimi	Conselho Indigenista Missionário
CNBB	Conferência Nacional de Bispos do Brasil
CNTE	Confederação Nacional dos Trabalhadores em Educação
Consed	Conselho Nacional de Secretários de Educação
Contag	Confederação Nacional dos Trabalhadores na Agricultura
CPT	Comissão Pastoral da Terra
CUT	Central Única dos Trabalhadores

CVRD	Companhia Vale do Rio Doce
DOU	Diário Oficial da União
EJA	Educação de Jovens e Adultos
EFA	Escola Família Agrícola
EEUEF	Escola Estadual Unidocente de Ensino Fundamental
EEPEF	Escola Estadual Pluridocente de Ensino Fundamental
EMEIEF	Escola Municipal de Educação Infantil e Ensino Fundamental
EMPEF	Escola Municipal Pluridocente de Ensino Fundamental
Enera	Encontro Nacional de Educadores da Reforma Agrária
Feab	Federação dos Estudantes de Agronomia do Brasil
Fetaes	Federação dos Trabalhadores Rurais do Espírito Santo
Fetraf	Federação dos Trabalhadores da Agricultura Familiar
Inep	Instituto Nacional de Estudos e Pesquisas Educacionais Anísio Teixeira
Incra	Instituto de Colonização e Reforma Agrária
MAB	Movimento dos Atingidos por Barragens
Master	Movimento dos Agricultores Sem Terra
MDA	Ministério do Desenvolvimento Agrário
MEC	Ministério da Educação
Mepes	Movimento de Educação Promocional do Espírito Santo
MinC	Ministério da Cultura
MMA	Ministério do Meio Ambiente
MMC	Movimento das Mulheres Camponesas
MPA	Movimento dos Pequenos Agricultores
MST	Movimento dos Trabalhadores Rurais Sem Terra
MTE	Ministério do Trabalho e Emprego

Nead	Núcleo de Estudos Agrários e Desenvolvimento Rural
PNRA	Plano Nacional de Reforma Agrária
Pronera	Programa Nacional de Educação na Reforma Agrária
PT	Partido dos Trabalhadores
Raceffaes	Rede das Associações dos Centros de Formação em Alternância do Espírito Santo
STR	Sindicatos de Trabalhadores Rurais
Sinasefe	Sindicato Nacional dos Servidores das Escolas Federais
SME	Secretaria Municipal de Educação
SRE	Superintendência Regional de Educação
UDR	União Democrática Ruralista
Ufes	Universidade Federal do Espírito Santo
Ultab	União dos Lavradores e Trabalhadores Agrícolas do Brasil
UnB	Universidade de Brasília
Undime	União Nacional dos Dirigentes Municipais de Educação
Unesco	Organização das Nações Unidas para Educação, Ciência e Cultura
Unefab	União Nacional das Escolas Família Agrícola do Brasil
Unicef	Fundo das Nações Unidas para a Infância

SUMÁRIO

INTRODUÇÃO 23

CAPÍTULO 1
HISTÓRICO DO MOVIMENTO DOS TRABALHADORES SEM TERRA 27
   1.1 SURGIMENTO DOS MOVIMENTOS SOCIAIS PELO BRASIL 27
   1.2 A QUESTÃO DA TERRA NO ESTADO DO ESPÍRITO SANTO 32
      1.2.1 O Norte do Estado do Espírito Santo 40
   1.3 A LUTA PELA TERRA NO ESPÍRITO SANTO: PERÍODO DE NEGOCIAÇÃO DA TERRA (1983 a 1984) 42
   1.4 CONSOLIDAÇÃO OFICIAL DO MST NO ESTADO DO ESPÍRITO SANTO: "OCUPAÇÃO É A ÚNICA SOLUÇÃO" 48
   1.5 TENSÕES E CONFLITOS NA LUTA PELA TERRA 53
   1.6 MUDANÇAS NO MST: CAMINHAR SOZINHO 59
      1.6.1 Estrutura nacional do MST 67

CAPÍTULO 2
EDUCAÇÃO DO CAMPO 71
   2.1. "QUE TIPO DE EDUCAÇÃO EU QUERO PARA O MEU FILHO E MINHA FILHA?" 71
   2.2 A ORGANIZAÇÃO DA EDUCAÇÃO: ENCONTROS E DISCUSSÕES ... 77
      2.2.1 A organização da educação no estado do Espírito Santo 83
   2.3 DAS DISCUSSÕES À LEGISLAÇÃO 85
   2.4 PRINCÍPIOS FILOSÓFICOS E METODOLÓGICOS DA EDUCAÇÃO DO CAMPO EM ESCOLAS DE ASSENTAMENTO DO MST 89
      2.4.1 Entre os princípios filosóficos e os metodológicos 91
      2.4.2 Formação de educadores para atuar nas escolas de assentamentos ... 100
   2.5 ESCOLAS DE ASSENTAMENTOS: REALIDADES DO NORTE DO ESTADO DO ESPÍRITO SANTO 105

CONSIDERAÇÕES FINAIS 113

REFERÊNCIAS 117

INTRODUÇÃO

Esta pesquisa teve início em 2011 com o objetivo de conhecer a educação das escolas de assentamento, contudo, o trabalho foi entrelaçado pela memória coletiva de luta e resistência do MST no Espírito Santo. Um Movimento com uma trajetória intensa que permeia a luta por direitos dos diversos povos que vivem e constroem seus saberes na terra conquistada, entre esses direitos a educação condizente com a classe trabalhadora.

O estado do Espírito Santo possui 63 assentamentos em 26 municípios, com 2.806 famílias assentadas pelo Movimento dos Trabalhadores Rurais Sem Terra (MST). Esses assentamentos resultam da mobilização iniciada na base populacional do estado, na luta pela terra e sobrevivência às demandas da industrialização geradas no início da década de 1980.

Atualmente, o norte do estado do Espírito Santo possui 25 escolas estaduais e duas escolas municipais localizadas no campo, especificamente em áreas de assentamento, atendendo a um total de 1.705 educandos e educandas em uma oferta educacional que abrange as etapas da educação infantil, séries iniciais e finais do ensino fundamental e a modalidade da Educação de Jovens e Adultos (EJA) (SRE-São Mateus-ES, 2011).

A atuação nas escolas localizadas em assentamentos possibilita perceber um diferencial educacional em relação às demais escolas situadas no campo e, também, às escolas urbanas. A partir dessa percepção, vários questionamentos se apresentaram para a realização deste trabalho.

Quais são as razões desse diferencial? Como se construiu esse diferencial e, mais ainda, como se construiu a educação nos assentamentos? Como essa construção se relaciona à história e aos ideais do MST?

Este trabalho teve como **objetivo** rememorar a gênese e a organização do Movimento dos Trabalhadores Rurais Sem Terra

(MST) no Espírito Santo, retratando seu início no município de São Mateus e os principais atores envolvidos. Perceber, ainda, como a educação foi pensada nos acampamentos e assentamentos, como essa se organizou local e nacionalmente, suas relações com outros sistemas educacionais e com os pressupostos do próprio movimento.

A metodologia utilizada foi a História Oral Temática, que "é sempre de caráter social e nela as entrevistas não se sustentam sozinhas ou em versões únicas" (MEIHY; HOLANDA, 2010, p. 38). A História Oral consiste em realizar entrevistas abertas e gravadas com pessoas que podem testemunhar sobre acontecimentos, conjunturas, instituições, modos de vida ou outros aspectos da história contemporânea. A presença do entrevistador/entrevistadora é fundamental por incentivar o colaborador durante a entrevista, acrescentando perguntas à medida que o assunto é explanado.

Conforme apontam Meihy e Holanda (2010, p. 38), "[...] os trabalhos de história oral temática se dispõe à discussão em torno de um assunto central definido, os aspectos subjetivos ficam limitados, ainda que não anulados".

Assim, foram entrevistados os educadores de escolas do campo, localizadas em assentamentos do norte do estado: Maria Zelinda Gusson, Magnólia de Souza Maia e Valdinar dos Santos. Foram entrevistados também o Bispo da Diocese de São Mateus, Dom Aldo Gerna e o agricultor João Marré, que atuou no Sindicato dos Trabalhadores Rurais de Nova Venécia na década de 1980. Todos os entrevistados acompanharam o surgimento do Movimento dos Trabalhadores Rurais Sem Terra no norte do Espírito Santo e contribuíram significativamente na formação desse Movimento.

As entrevistadas Maria Zelinda Gusson e Magnólia de Souza Maia participaram do início das discussões da luta pela terra e tiveram uma participação ativa nas primeiras discussões por uma educação diferenciada nas escolas de assentamento. Atualmente, essas entrevistadas estão aposentadas e contribuem nas formações dos Encontros Regionais de Educação realizados pelo MST.

Valdinar dos Santos participou inicialmente do Movimento como estudante, e, na sequência, passou a contribuir nas discussões relacionadas à educação dos assentamentos. No período de realização desta pesquisa, em 2011, Santos (2011) trabalhava como educador na escola do Assentamento Zumbi dos Palmares e participava da coordenação do Setor Estadual de Educação (MST).

Já os entrevistados Dom Aldo Gerna e João Marré foram essenciais para entendermos, respectivamente, a participação da Diocese de São Mateus e a atuação dos Sindicatos dos Trabalhadores Rurais do norte do Espírito Santo, na mobilização da luta pela terra no norte do estado, de modo a contribuir no período inicial do movimento.

Além das histórias orais gravadas e transcritas conforme a metodologia expressa em Meihy e Holanda (2010), outros documentos do próprio MST foram utilizados, bem como uma bibliografia específica. O trabalho foi dividido em dois capítulos. O primeiro, **Histórico do Movimento dos Trabalhadores Rurais Sem Terra**, aborda a história do Movimento dos Trabalhadores Rurais Sem Terra (MST) no norte do Espírito Santo.

Desde o início das mobilizações de luta pela terra, o Movimento teve a participação de entidades como a Diocese de São Mateus, a Comissão Pastoral da Terra (CPT) e os Sindicatos de Trabalhadores Rurais (STRs), passando por diversos conflitos, alguns dos quais com vítimas, que se seguiram até sua estruturação como um movimento de alcance nacional.

O segundo capítulo, **Educação do Campo**, aborda como a educação foi se estruturando nas escolas de assentamentos e acampamentos, quais os seus diferenciais e, ainda, como esse fazer educacional se relaciona com os pressupostos do Movimento. Além disso, o capítulo se propôs a vislumbrar como tais preocupações alcançaram projeção nacional, atingindo até mesmo a legislação educacional.

Capítulo 1

HISTÓRICO DO MOVIMENTO DOS TRABALHADORES SEM TERRA

1.1 SURGIMENTO DOS MOVIMENTOS SOCIAIS PELO BRASIL

A história da formação do Brasil é marcada pela invasão do território indígena, pela escravidão e pela expropriação capitalista. Nesse processo de formação, a resistência inicia pelos povos indígenas, com a chegada do colonizador europeu. Começaram, então, as lutas contra o cativeiro, contra a exploração e, com o tempo, as lutas pelo direito de trabalhar a terra, em oposição à expulsão e à exclusão que marcaram a história dos trabalhadores desde a luta dos escravizados, da luta dos imigrantes, da formação da luta camponesa. Lutas e guerras, uma após a outra ou ao mesmo tempo, sem cessar, no enfrentamento constante contra o capitalismo. Essas lutas históricas ajudam a compreender o processo de formação do Movimento dos Trabalhadores Rurais Sem Terra no Brasil (FERNANDES, 2000).

O sistema de Sesmarias, utilizado desde a Colônia até 1850, já no Império, garantia a exploração de extensas áreas de terras a poucas pessoas detentoras do grande capital. Nessa realidade surgiu o posseiro[1], aquele que possuía a terra e não tinha o seu domínio, pois essa pertencia ao sesmeiro. Esses posseiros trabalhavam a terra, enfrentavam as ameaças de um território muitas vezes hostil, ampliando a fronteira agrícola do país. O sesmeiro, então, valendo-se de seus direitos tomava posse da terra expulsando e matando o posseiro que

---

[1] O posseiro é o primeiro a ocupar, isto é, a tomar a posse da terra, que geralmente não tem dono e nem documentação.

resistisse. Esse contexto se modificou, mas manteve a dinâmica após a Lei de Terras de 1850[2] (DEAN, 1977).

A partir do momento que a Lei de Terra passou a estabelecer a compra como único critério de aquisição da terra, oficializava a privatização por um pedaço de terra, impossibilitando o acesso daqueles que não tinham dinheiro para comprá-la, excluindo radicalmente o negro e o colono de adquirir o acesso à terra.

Com a nova Lei, determinou-se a transferência de terras devolutas[3] do patrimônio da União para os bens dos estados e proibiu a abertura de novas posses, ficando também desautorizadas as aquisições de terras devolutas por outro título que não fosse a compra.

Assim, enquanto os trabalhadores fizeram a expansão das fronteiras agrícolas, os fazendeiros grilavam[4] as terras. Camponeses que trabalharam a terra e produziram novos espaços sociais foram expropriados, expulsos e tornaram-se Sem Terra. Assim, formaram-se os latifundiários, grilando imensas porções do território brasileiro, proporcionando o processo da propriedade capitalista no Brasil.

O domínio e a posse de áreas de terra fazem parte da formação das classes sociais e do poder político-econômico em nossa sociedade:

> A história brasileira registra movimentos marcantes da luta e resistência camponesa contra o latifúndio e as formas de violência que dele emanam. Canudos, Contestados, o Cangaço, as Ligas Camponesas, são alguns desses acontecimentos históricos. Movimentos que aconteceram em tempos e espaços diferentes, com características e organização e formas de representação do descontentamento camponês e de seus interesses também distintos, deixaram demonstrados para as gerações seguintes que a aspiração

---

[2] A Lei de Terras, criada em 1850, instituiu a compra e a venda de terras como o único mecanismo de acesso às terras.

[3] Terras devolutas são propriedades públicas que nunca pertenceram a um particular mesmo estando ocupadas.

[4] A grilagem é um processo de aquisição de terras a partir da falsificação de documentos das propriedades, realizada, em muitos casos, com a conivência dos cartórios. Nesse processo, fazendeiros e empresários usavam a violência para a expulsão dos posseiros.

> dos trabalhadores do campo à conquista da terra é antiga e que modalidades de resistência ao jugo do latifúndio são recriadas em cada conjuntura histórica (VALADÃO[5], 1999, p. 23).

A luta pela terra, para trabalhar a terra e dela sobreviver é um processo contra a exclusão e a desumanização do camponês, do indígena, do quilombola, bem como da sua identidade, dos valores e da cultura desses povos. Como afirma Fernandes (2000), a história do Brasil é a de um campesinato progressivamente insubmisso, primeiramente contra a dominação pessoal de fazendeiros e coronéis, depois contra a expropriação territorial efetuada por grandes proprietários, grileiros e empresários e, já agora, também contra a exploração econômica da grande empresa capitalista.

Mas é só em meados do século XX que surgem as primeiras lutas organizadas pelo acesso à terra:

> No período de 1954 a 1964, surgiram três grandes organizações camponesas que lutavam pela reforma agrária: a ULTAB (União de Lavradores e Trabalhadores Agrícolas do Brasil), as Ligas Camponesas e o MASTER (Movimento dos Agricultores Sem Terra) (MORISSAWA, 2001, p. 105).

A luta pela reforma agrária ganhou força com a estruturação das políticas camponesas, principalmente com o fortalecimento das Ligas Camponesas na década de 1950:

> [...] a luta pela terra é uma política que nasceu com o latifúndio. Portanto é fundamental distinguir a luta pela terra da luta pela reforma agrária. Primeiro, porque a luta pela terra sempre aconteceu com ou sem projetos de reforma agrária. Segundo, porque a luta pela terra é feita pelos trabalhadores e na luta pela reforma agrária participam diferentes instituições. Na realidade, a diferenciação da luta pela terra da luta pela reforma agrária é fundamental, porque a

---

[5] O livro de Vanda Aguiar Valadão (1999), intitulado *Assentamentos e Sem Terra: a importância do papel dos mediadores*, detalha o nascimento e os decisivos passos do MST no Espírito Santo.

primeira acontece independentemente da segunda (STEDILE; FERNANDES, 1999, p. 48).

A reforma agrária passa a ser uma bandeira carregada nas mobilizações sendo que a "reforma agrária é considerada como a desconcentração da propriedade de terra" (STEDILE; FERNANDES, 1999, p. 159).

Em 1964, os militares tomaram o poder, destituindo o presidente João Goulart, em uma aliança política com os diferentes setores da burguesia como latifundiários, empresários, banqueiros e outros. Nesse momento, os movimentos camponeses foram aniquilados, os trabalhadores foram perseguidos, assassinados e exilados.

Como forma de acalmar passivamente as mobilizações sociais, em 1964 o Presidente Marechal Castelo Branco decretou a primeira Lei da Reforma Agrária no Brasil, o Estatuto da Terra (MORISSAWA, 2001). Apesar de o Estatuto da Terra possuir em sua íntegra um caráter progressista, jamais foi implantado, era um "faz de conta", um instrumento estratégico para controlar as lutas sociais e desarticular os conflitos por terra.

O *Estatuto da Terra* distinguia as propriedades rurais não apenas em relação ao tamanho, mas também vinculadas a forma de utilização. Assim, classificava-se em minifúndio, latifúndio por dimensão e latifúndio por exploração. Além disso, definia a *função social* da terra, pela qual o proprietário que a utilizava com respeito ao meio ambiente, de forma adequada, e cumpria a legislação trabalhista, estava dando a terra sua função social (MORISSAWA, 2001).

Assim, o Estatuto da Terra não se efetivou e a política agrária do regime militar significou a entrega de mais terra aos latifundiários. A Comissão Pastoral da Terra (CPT) surgiu em 1975 e contribuiu na reorganização das lutas camponesas, deixando de lado o viés unicamente religioso, propondo para o camponês se organizar para resolver os problemas sociais que se aprofundavam e afetavam cada vez mais a sua gente. No início, a CPT esteve voltada para as lutas de posseiros no Centro-Oeste e Norte do país. Fator importante é que a CPT teve vocação ecumênica, aglutinando várias igrejas:

> [...] com o surgimento da CPT, é a pastoral. Penso que é um elemento importante de aplicação prática do que foi o Concílio Vaticano II e das outras encíclicas progressistas que surgiram. E que, de certa forma, acabou sendo expresso pela Teologia da Libertação[6].
> A CPT foi a aplicação da Teologia da Libertação na Prática, o que trouxe uma contribuição importante para as lutas camponesas pelo prisma ideológico.
> [...] Por que isso foi importante para o surgimento do MST? Porque se ela não fosse ecumênica, e se não tivesse uma visão maior, teriam surgido vários movimentos. A luta teria se fracionado em várias organizações (STEDILE; FERNANDES, 1999, p. 20).

Em 1985, com fim da ditadura militar, surge o primeiro Plano Nacional de Reforma Agrária (PNRA), estruturado por uma equipe com uma visão da necessidade da reforma agrária, montada ainda na gestão do Presidente do Brasil, Tancredo Neves, que veio a falecer, momento em que assumiu seu Vice-Presidente José Sarney.

O PNRA estruturado posteriormente beneficiaria posseiros, meeiros, assalariados rurais e pequenos agricultores, com objetivo de dar aplicação rápida ao Estatuto da Terra e viabilizar a reforma agrária. No entanto, a versão aprovada sofreu diversas alterações, tornando-se impraticável. Nesse mesmo ano surgiu a União Democrática Ruralista (UDR), com atuação projetada para impedir a reforma agrária, bem como leis que a favorecessem. "A UDR foi se fortalecendo rapidamente pelo país e implantando representações nos diversos estados que travaram a luta pela reforma agrária" (MORISSAWA, 2001, p. 107).

A Constituição Federal de 1988, no Título VII, Da Ordem Econômica e Financeira, destaca que cabe à União desapropriar, por interesse social, os imóveis que não estejam cumprindo sua função social como estabelecido:

---

[6] Corrente pastoral das Igrejas Cristãs que envolve agentes da pastoral, padres e bispos progressistas que desenvolveram uma prática voltada para a realidade social. Do ponto de vista teórico, aproveitou os ensinamentos sociais da igreja a partir do Concílio Vaticano II e incorporou metodologias analíticas da realidade marxista (STEDILE; FERNANDES, 1999).

> Artigo 186 - A função social é cumprida quando a propriedade rural atende, simultaneamente, segundo critérios e graus de exigência estabelecidos em lei, aos seguintes requisitos:
>
> I - aproveitamento racional e adequado;
>
> II - utilização adequada dos recursos naturais disponíveis e preservação do meio ambiente;
>
> III - observância das disposições que regulam as relações de trabalho;
>
> IV - exploração que favoreça o bem-estar dos proprietários e dos trabalhadores (BRASIL, 1988, p. 112).

Como definido na Constituição Federal, fica explícito que a terra em nosso país tem uma função social. Mas como garantir a função social da terra se o acesso a ela é garantindo a poucos, prevalecendo os interesses capitalistas?

1.2 A QUESTÃO DA TERRA NO ESTADO DO ESPÍRITO SANTO

> [...] o Brasil nasceu condenado ou marcado pela miséria do latifúndio
> (MAIA, 2010).

Contextualizar a luta pela terra no Espírito Santo e a estruturação de assentamentos no estado requer a análise de fatores históricos que levaram à necessidade de lutar por um pedaço de "chão", e iniciaremos essa análise pelos aspectos da colonização na formação do estado, e pelos rumos da economia que envolve a expansão e o declínio da cafeicultura, bem como os primeiros incentivos à industrialização. Por meio dessa contextualização, é possível entender a necessidade da luta pela terra no estado.

Entre os anos de 1534 e 1536, o rei de Portugal D. João III resolveu dividir a terra brasileira em grandes faixas de terras, chamadas Capitanias Hereditárias, doadas para nobres e pessoas de confiança do rei. Esses que recebiam as terras, chamados de donatários, tinham a função de colonizar e desenvolver a região. Cabia-lhes também combater os índios de tribos que tentavam resistir à ocupação do território. Em troca desses serviços, além das terras, os donatários recebiam algumas regalias, como a permissão de explorar as riquezas minerais e vegetais da região. As terras eram repassadas aos sesmeiros e, com a lei de terras de 1850, o processo de exploração foi alterado, mas não estruturalmente, como vimos. Magnólia de Souza Maia[7], uma das entrevistadas nesta pesquisa, percebe bem essa questão histórica de criação dos latifúndios:

> *O latifúndio né, que nós já nascemos nesse Brasil de latifúndio, porque quando os portugueses, eles dividiram o Brasil nas sesmarias né, que eram as grandes capitanias.*
>
> *Dividiam o pedaço de terra que dava a um donatário, depois das sesmarias, depois veio a, entre aspas, a abolição da escravatura, onde o homem foi liberto, ficou livre. Mas a terra ficou escrava, porque veio a 1ª lei de terra, que não beneficiou aos trabalhadores né, beneficiou aos senhores de engenho, ao grande latifúndio. Então o Brasil nasceu condenado ou marcado pela miséria do latifúndio* (MAIA, 2010).

Assim, o Espírito Santo passou a ser uma capitania administrada pelo donatário Vasco Fernandes Coutinho, uma vez que, segundo Souza *et al.* (2005, p. 24):

> A proposta de grandes plantações de cana-de-açúcar, da forma como se estabeleceu no Brasil Colônia, exigia a utilização de um grande volume de trabalho escravo, o que significava inicialmente submeter famílias indígenas ao trabalho compulsório, as quais, em sua maioria, resistiam.

Somente após a grande corrida aos metais preciosos, quando a cana-de-açúcar voltou a ganhar força, e, logo depois, o café passou a

---

[7] Magnólia de Souza Maia é Pedagoga e atuou como educadora efetiva pelo estado em escolas de Assentamento. Militante no Movimento, acompanhou os primeiros acampamentos no estado e atuou no Setor Estadual de Educação do MST no período de 1986 a 2005. Durante esse período contribuiu na construção da Proposta Pedagógica do MST. Essas informações foram concedidas na entrevista realizada em outubro de 2010.

constituir a nova riqueza, exigindo a expansão da fronteira agrícola, que o estado do Espírito Santo passou a ter seu interior gradativamente ocupado:

> No início, famílias migrantes das regiões do Rio de Janeiro e de Minas Gerais passaram a ocupar grandes extensões de terras ao sul da província e a desenvolver culturas agrícolas com base no trabalho escravo e de afro-descendentes. Mas no final do século XIX, grandes levas de imigrantes, da Alemanha e Itália especialmente, foram estimuladas pelo Estado a ocupar pequenas glebas, mais para o centro da região e passaram a desenvolver ali relações de trabalho familiar. Mais tarde, na medida em que foi exigindo a expansão da fronteira agrícola, essa organização do trabalho familiar em pequenas glebas passou a ocupar as terras mais no norte do estado (SOUZA et al., 2005, p. 36).

Até metade do século XX, a economia capixaba dependia da comercialização do café, diretamente ligado à exportação e dependente do mercado externo, o que provocava uma incerteza na economia capixaba. A ocupação demográfica de diversas áreas foi diretamente provocada pela expansão da cultura cafeeira, visto que:

> Os negros africanos, até o final do século XVIII, estavam localizados onde atualmente são os municípios de São Mateus e Conceição da Barra [...].

> Os imigrantes nacionais [sic] vieram para o Espírito Santo atraídos pelas possibilidades de trabalho nas fazendas de café capixabas. Também os atraía a porcentagem de reservas de terras a serem exploradas (DADALTO, 2006, p. 195).

Na década de 1930, quando Getúlio Vargas assume o poder, temos uma primeira tentativa de industrialização do país. Esse processo trouxe implicações na estrutura latifundiária do país, que passou a ser um problema para toda a sociedade. De acordo com Linhares e Silva (1999, p. 125-126),

> [...] O campo era tratado como a atividade natural, única possível do país; era a época do Brasil, país essencialmente agrícola; agora o campo passa a ter uma função no programa, ainda difuso, de desenvolvimento nacional. E um pouco mais do que isso: o campo, com seu homem tradicional, passa a ser visto como um problema, uma questão, a do obstáculo ao pleno desenvolvimento do conjunto do país. Para os homens que assumem o poder na década de 1930, o desenvolvimento era sinônimo de indústria, de população bem alimentada, saudável e de erradicação do analfabetismo e de endemias. [...] Neste contexto surge uma questão: como fazer o campo brasileiro ajudar e participar do desenvolvimento nacional?

A partir dos anos de 1950, com os desdobramentos da implantação do "Plano de Metas no governo" de Juscelino Kubitschek (SOUZA *et al.*, 2005), continua o fortalecimento intencional da urbanização, com investimentos na grande rede de integração regional de transportes, pavimentação de rodovias federais, além de grandes investimentos na geração de energia elétrica e de comunicações. Até o final da década de 1950, cerca de 72% da população capixaba ainda estava na área rural sob os reflexos de mais uma crise da monocultura cafeeira (GOMES, 1998).

Em 1962, o estado do Espírito Santo foi altamente afetado por uma crise cafeeira e teve como consequência a erradicação dos cafezais, como enfatiza os economistas Haroldo Correa Rocha e Angela Maria Morandi, que:

> [...] aproximadamente 53,8% dos cafezais foram destruídos na região, o que significava o seguinte: embora participasse apenas com 13% dos cafeeiros plantados no Brasil, as plantas erradicadas no Espírito Santo representaram 22% do total destruídos no país, sob o argumento de sua baixa produtividade e reduzida qualidade da produção familiar (SOUZA, 2005, p. 23).

A destruição dos pés de cafés acabou expulsando muita gente do campo para as cidades.

Dentro do contexto de capitalização no campo, destacamos as grandes empresas se instalando em áreas de interesse e grandes latifundiários tomando as terras de posseiros, com apoio do estado. Nessa conjuntura, explodiram por quase todo o território nacional conflitos entre posseiros e grileiros.

No Espírito Santo, merece destaque como símbolo de luta pela terra o conflito acontecido com os camponeses no município de Ecoporanga-ES, conforme estudos realizados por Fernandes (2000, p. 36),

> Nesse mesmo período, entre os vales dos rios Mucuri e Doce, no Espírito Santo, ocorreram vários conflitos, onde muitos camponeses foram assassinados pela Polícia Militar e jagunços. Nessa região está localizado o município de Ecoporanga. No final da década de 40, a região era contestada pelos Estados de Minas Gerais e do Espírito Santo. Essas terras estavam ocupadas por posseiros e passaram a ser disputada por fazendeiros e grileiros, que procuravam tirar vantagem daquela situação indefinida. A fonte da violência era a aliança entre o governo estadual e os latifundiários-grileiros, que promoveram uma intensa guerra contra os posseiros, com o objetivo de se apropriarem das terras daquela região.

Nesse sentido, Dias (1984, p. 77) relata as torturas e os conflitos acontecidos em Ecoporanga, que marcaram historicamente o início da luta pela terra:

> Acendeu-se a luta: sucediam-se os espancamentos, prisões, assassinatos de posseiros. O atual deputado Osvaldo Zanello, então secretário do Governo, enviou para a região o tenente Jadir Resende com a incumbência de tirar pela força os posseiros. De uma vez prendeu 40 deles. Estas recordações estão bem vivas na memória de quantos ali residem e nos

foram relatadas por um dos mais antigos líderes dos posseiros de Cotaxé. A luta havia se acendido, os lavradores começaram a se organizar.

A realização do I Congresso Estadual dos Lavradores em 1957, em Belo Horizonte, e do II Congresso Estadual dos Lavradores em 1962, realizado em Vitória, reuniu representantes de todos os municípios do estado do Espírito Santo, esses encontros foram importantes na organização e na luta dos camponeses pela Reforma Agrária.

No Espírito Santo, assim como em quase todo o território brasileiro, a luta pela terra foi marcada por conflitos e violência por parte da Polícia Militar, do poder judiciário, dos latifundiários em relação aos posseiros. Sempre que foi preciso, o governo enviou tropas militares para enfrentar os camponeses revoltosos. Os ataques da Polícia Militar resultavam em queima de roças, de casas e assassinatos. Também os grileiros colocavam seus jagunços na tentativa de conter a organização dos camponeses. Essa luta resistiu até o golpe de 1964, quando foi intensamente reprimida e seus militantes dispersos ou presos.

O homem e a mulher do campo passam a ser expulsos de suas terras pela força do grande capital industrial, que, apoiado pelos governos, intimida e passa a transformar o campo e, principalmente, a visão que o homem do campo passa a ter perante a atual sociedade capitalista:

> O capitalismo cria a ilusão de que as oportunidades são iguais para todos, a ilusão de que triunfam os melhores, os mais trabalhadores, os mais diligentes, os mais "econômicos". Mas, com a mercantilização da sociedade, cada um vale o que o mercado diz que vale. Não há nenhuma consideração pelas virtudes, que não sejam as "virtudes" exigidas pela concorrência: a ambição pela riqueza e a capacidade de transformar tudo, homens e coisas, em objeto de cálculo em proveito próprio (MELLO; NOVAIS, 1999, p. 581).

Assim, cria-se mais uma das pré-condições para a produção industrial em larga escala: a criação de mercado de trabalho nas cidades, a partir da expulsão de boa parte das famílias de suas terras no campo. Dessa forma, a entrevistada Maia (2010) destaca que

> Os trabalhadores rurais foram sendo expulsos da terra para a cidade, por quê? [...] Aí era toda uma conjuntura propícia para a expulsão do homem do campo, ou na bruta ou de forma mais mansa. Aí tinha o milagre brasileiro: a industrialização.

Como solução plausível à crise da cafeicultura, o estado do Espírito Santo passa a concentrar investimentos privados voltados à diversificação produtiva. Com o esforço do Governo Estadual de um lado e com todos os investimentos produtivos e de infraestrutura econômica do Governo Federal, foi possível inverter a predominância da estrutura familiar de organização do trabalho no campo, abrindo espaço para um rápido processo de urbanização e de assalariamento, alterando radicalmente os padrões de produção e de consumo na região capixaba:

> [...] o próprio Governo Estadual passou a investir diretamente em várias áreas da produção, em empresas que mais tarde foram sendo privatizadas. [...] Mas era o Governo Federal que comandava os maiores investimentos, tanto na infra-estrutura [sic] como em projetos industriais de grande vulto: na siderurgia (COFAVI), na pelotização de minério de ferro (CVRD) e nos estudos e nos incentivos fiscais que vão favorecer as plantações de eucalipto, inicialmente para abastecer a siderurgia com carvão vegetal, mas que vão resultar mais tarde na produção de celulose (SOUZA et al., 2005, p. 25).

A implementação dessa estrutura voltada para favorecer grandes empreendimentos econômicos trouxe consigo transformações no padrão do uso da terra, nas relações socioeconômicas no campo, no aumento do êxodo rural, na implantação da monocultura e, em especial, na concentração de terras no Espírito Santo. A Entrevistada Maia (2010) percebe bem essa situação e as implicações sociais dessa política:

> Então o que estava acontecendo? As grandes cidades começaram a inchar, as vilas e os vilarejos, as periferias das cidades maiores do interior também. Com os assalariados apareceu outra classe trabalhadora que foram os assalariados rurais que trabalhavam nas empresas de cana, de eucalipto.

Tanto na cidade quanto no campo, formou-se uma população voltada às necessidades do capital industrial e agrário. Essa população foi se constituindo em uma estrutura da concentração da terra, das alterações nas relações de produção, do emprego de máquinas e tecnologia sofisticadas, da conservação de terras cultiváveis para monocultura, de produtos voltados para a industrialização ou, especificamente, como uma estrutura transformadora em reserva de capital. Para os pequenos proprietários, sobrou a sujeição como destaca e conclui Maia (2010):

> [...] Só que não houve a modernização para os pequenos proprietários, porque eles vendiam a terra pressionados de uma forma ou de outra né, para as grandes empresas e iam ser assalariados, porque aquele que era dono da terra passava a ser, aqui muito aconteceu nessa região norte do Espírito Santo: Conceição da Barra, Pinheiros, Mucurici, toda essa região aqui né, principalmente onde tinha, a terra que era plana, para dar lugar ao plantio de eucalipto e a criação de gado.

Somente a partir de 1968 que o Espírito Santo passa a integrar de forma mais concreta o modelo desenvolvimentista brasileiro. Como consequência simultânea desse desenvolvimento, ocorreu a desruralização e urbanização, como condições imprescindíveis para que o processo de concentração do capitalismo acontecesse. Esse "processo alterou a estrutura da sociedade capixaba, diluindo intensamente a aparente dualidade existente entre o campo e a cidade" (SIQUEIRA, 2001, p. 47).

1.2.1 O Norte do Estado do Espírito Santo

Nesse contexto, destacamos o norte do estado do Espírito Santo, na fala do Bispo da Diocese de São Mateus, Dom Aldo Gerna[8]:

> *Era o tempo inclusive em que aqui nossa região era mata pura [...]. Nós entramos tentando defender e ajudar os pobres a conseguir um pouco, sua terra aqui nesta região que estava se desmatando, era o início da colonização aqui no norte do Espírito Santo [...]* (GERNA, 2011).

Além da necessidade de trabalhar a terra para a sobrevivência, seja como meeiro seja como assalariado, bem como o que é pregado pela Igreja, "a melhor partilha" acontece nesse período, exatamente em 1966, a instalação da empresa Aracruz Celulose no norte do Espírito Santo, no município de Aracruz, o que provoca uma retirada forçada dos posseiros da região.

A preocupação com a modernização era totalmente econômica com profunda descaracterização do homem e da mulher do campo. Os projetos para implantação de grandes unidades industriais no Espírito Santo a partir dos anos de 1970 estavam voltados para:

> [...] quatro conjuntos de investimentos, as novas usinas pelotizadoras da Companhia Vale do Rio Doce – CVRD e de consorciadas estrangeiras, localizada no Porto de Tubarão, em Vitória, a pelotizadora SAMARCO Mineração, localizada no município de Anchieta, a Aracruz Celulose, no município de Aracruz e a Companhia Siderúrgica de Tubarão, no município da Serra (SOUZA et al., 2005, p. 25).

Esses grandes projetos causaram grandes impactos sociais e econômicos na região. As unidades industriais foram responsáveis pelo crescimento vertiginoso da massa salarial urbana, tendo efeitos

---

[8] Dom Aldo Gerna nasceu em 7/5/1931, na cidade na cidade de Ponte *In*: Valtelina Sandrio, na Itália, sendo nomeado pelo Papa Paulo VI como bispo em 24/5/1971. Assumiu o Bispado na Diocese de São Mateus em 1/8/1971 e se afastou em 15/12/2007, como Bispo Emérito (aposentado). Essas informações foram concedidas na entrevista realizada em janeiro de 2011.

multiplicadores nas demandas por produtos industriais, a exemplo do que ocorreu no Brasil como um todo:

> Na década de 60, abandonaram o campo quase 14 milhões de pessoas, e, na de 70, outros 17 milhões. A miséria rural é, por assim dizer, exportada para a cidade. E, na cidade, a chegada de verdadeiras massas de migrantes – quase 31 milhões entre 1960 e 1980 – pressionou constantemente a base do mercado de trabalho urbano (MELLO; NOVAIS, 1999, p. 619).

O que marcou o norte do estado do Espírito Santo foi a implantação da Empresa Aracruz Celulose:

> A principal contribuição do Governo Estadual ao Grupo Aracruz foi o reconhecimento da posse das terras, antes ocupadas pela agricultura familiar e pelas culturas indígenas e de remanescentes quilombolas. Assim, as terras foram legitimadas graciosamente a quem de direito não as ocupava. Terras que [...] se transformaram em território de culturas homogêneas, voltados para a monocultura de eucalipto, cuja essência é a concentração fundiária (SOUZA et al., 2005, p. 26).

Daquele momento em diante a empresa Aracruz Celulose amplia gradativamente a apropriação das terras com a monocultura do eucalipto, constituindo grandes tensões fundiárias em terras que foram de posseiros, indígenas, camponeses e tantos povos que já estavam estabelecidos na terra e a cultivavam.

Na colonização espontânea, os posseiros derrubavam a mata e passavam a cultivá-la. Logo apareciam pessoas dizendo-se donas da área; com títulos legais ou forjados[9], expulsavam os ocupantes e tomavam a terra para a pecuária, para o grande monopólio para as grandes empresas.

---

[9] O Processo de grilagem, referido anteriormente, marca da exploração da terra no Brasil e que se contrapõe ao direito de posse pelo uso.

Restam hoje poucos resíduos dessas comunidades, que se encontram no meio das fazendas e no meio do "deserto verde"[10], feito com grandes plantações de eucalipto. Souza et al. (2005, p. 40) definem esse processo como um duplo conflito:

> A década de 50 e início da década de 60 do século passado foram marcadas por grandes conflitos no campo. Estes conflitos se deram de duas formas: de um lado, os ataques as comunidades camponesas, principalmente caboclos que não tinham suas terras documentadas – os chamados posseiros. Por outro lado, os conflitos promovidos pelo grande capital, ou seja, as grandes empresas do setor de eucalipto, Aracruz Celulose, principalmente, contra as comunidades indígenas e quilombolas. Em ambos o Estado foi conivente, usando a polícia e permitindo a ação livre dos pistoleiros que atacavam abertamente as comunidades, destruindo plantações e incendiando casas de camponeses.

Como consequência imediata desse processo, a concentração de terra e o êxodo rural fazem com que se estabeleça, a partir daí, a organização dos trabalhadores rurais na luta pela terra como forma de reverter esse contexto.

1.3 A LUTA PELA TERRA NO ESPÍRITO SANTO: PERÍODO DE NEGOCIAÇÃO DA TERRA (1983 a 1984)

"*São Mateus, sendo aí o berço aí do MST*", afirma o entrevistado Santos (2010). É em São Mateus que podem ser observadas as primeiras demonstrações de luta pela terra no norte do estado, sendo a favela Pé Sujo, hoje bairro Vila Nova, localizada no município de São Mateus, palco das primeiras mobilizações. Assim, a luta pela terra no Espírito Santo passa a ser estruturada com o apoio de duas entidades representativas: a Comissão Pastoral da Terra (CPT) e os Sindicatos de Trabalhadores Rurais (STRs), sob liderança da Federação dos Traba-

---

[10] Expressão utilizada por ambientalistas para designar a monocultura de árvores em grandes extensões de terra para a produção de celulose, devido aos efeitos que essa monocultura causa ao meio ambiente.

lhadores Rurais do Espírito Santo (Fetaes). João Marré[11] (2011), lembra dos primeiros assentamentos e destaca "[...] *que em 1984 aqui no Espírito Santo, começaram a surgir alguns assentamentos, só que era assim, era uma negociação entre Sindicato, também tinha a luta por Sindicato*".

A CPT foi criada em 1976 no estado e seus primeiros trabalhos foram na área sindical. Suas equipes se envolviam com atividades de formação e reflexão político-religiosa, organizadas em sua maioria dentro das Comunidades Eclesiais de Base (CEBs). As CEBs consistiam na reunião de um grupo de pessoas com o objetivo de criar espaços para refletir a palavra de Deus e de se organizar para lutar e transformar a realidade dura e sofrida:

> Em 1975, surgiu a CPT (Comissão Pastoral da Terra), também da Igreja Católica, que juntamente com as paróquias das periferias das cidades e das comunidades rurais, passou a dar assistência aos camponeses durante o regime militar. No início, a CPT esteve voltada às lutas dos posseiros do Centro-oeste e Norte. Mais tarde com os conflitos de terra em todo o Brasil, ela se tornou uma instituição de alcance nacional (MORISSAWA, 2001, p. 105).

A CPT, localizada em São Mateus, inicialmente ficou vinculada à Cáritas-Vitória, desvinculando-se tempos depois para instalar uma Secretaria Regional no Município. Inicialmente, os trabalhos da CPT no norte do estado do Espírito Santo eram realizados em consonância com a Diocese de São Mateus, com a participação ativa do Bispo da Diocese de São Mateus, Dom Aldo Gerna (2011), como ele mesmo relembra:

> [...] *com a preocupação de acompanhar essa evolução dos problemas sociais aqui na região e no Brasil, e o, a nossa*

---

[11] João Marré é agricultor, natural do município de Nova Venécia-ES, atuou na oposição sindical no período de 1982 a 1984. Assumiu como Tesoureiro no Sindicato dos Trabalhadores Rurais de Nova Venécia no período de 1984 a 1987. Contribuiu na formação inicial do Movimento dos Trabalhadores Rurais no Espírito Santo, mobilizando as famílias na luta pela terra. João Marré foi entrevistado em janeiro de 2011 para a realização deste trabalho.

> ligação com o movimento e com a CPT era tanta, que as três coisas praticamente se confundiam e até principalmente, diante da opinião pública, [...] o Movimento Sem Terra e a CPT eram coisas da igreja, especialmente do Bispo e na verdade, tinham o nosso apoio, mas sempre também com uma certa reserva sobre, a gente percebia que atrás tinham também intenções políticas dos dirigentes, que não seria nosso caso, que nós não interessava e que tinha também uma metodologia inspirada naquilo que se chamava naquela altura esquerda.

As reuniões para a discussão das realidades das famílias eram parte dos trabalhos das Comunidades Eclesiais de Base, que recebiam orientação e apoio da Comissão Pastoral da Terra e do Sindicato dos Trabalhadores Rurais de São Mateus e região. No que diz respeito ao processo de luta pela terra no Espírito Santo,

> Nota-se, [portanto no trabalho desses grupos] uma confluência de esforços no sentido de articular os trabalhadores excluídos, explorados, tendo como metodologia pedagógica o trabalho de base, os grupos de comunidade, os círculos bíblicos, os grupos de **oposição sindical**, os quais, em muitos momentos, acabavam se transformando em grupos de sem-terra, cuja discussão central era a necessidade de possuir a terra para viver e trabalhar, visto que muitas das terras da região não estavam sendo utilizadas. Aí, as leituras bíblicas e as comparações com a realidade que vivia incentivavam a luta pela terra (PIZETTA[12], 1999, p. 100, grifo do autor).

Pode-se afirmar que, mediante a "Bíblia", tanto as CEBs quanto a CPT contribuíram sobremaneira para a estruturação de grupos advindos de situações econômicas atribuídas pela ascensão desenfreada do capitalismo, incentivando-os e apoiando-os na organização de um movimento mobilizador, que buscasse a solução para os problemas.

---

[12] A dissertação de Adelar João Pizetta (1999) intitulada "Formação e práxis dos professores de escolas de assentamentos: a experiência do MST no Espírito Santo" destaca a história da educação nos assentamentos do Espírito Santo.

Antes do Golpe Militar, todas as lutas camponesas recebiam forte apoio do Partido Comunista. Tanto as Ligas Camponesas como a União dos Lavradores e Trabalhadores Agrícolas do Brasil (ULTAB) e as inúmeras associações e cooperativas espalhadas pelo estado (SOUZA et al., 2005).

Os Sindicatos dos Trabalhadores Rurais existentes até 1964 eram poucos no estado, chegavam no total de 13 (treze), no entanto, a atuação desses sindicatos era de assistencialismo ao homem do campo, mascarando a intenção governamental, visto que era no campo que concentrava maior parte da população brasileira, de modo que a concretização da reforma agrária constituiria um entrave contra os interesses das multinacionais, que planejavam se instalar nas diversas regiões brasileiras com apoio dos governos locais. Então, era necessário desestabilizar as lutas camponesas pela terra:

> O negócio era quebrar as lutas no campo oferecendo outros meios. [...] cabia aos sindicatos ser uma ferramenta nas mãos do Estado, servindo ao governo e não sendo uma força nas mãos dos camponeses para fazer frente ao capitalismo em expansão. Ao invés de organizar o campesinato para combater a erradicação do café, a entrada das grandes empresas no campo, [...], ficou dentro dos sindicatos fazendo o assistencialismo (SOUZA et al., 2005, p. 52).

Passaram-se mais de 20 anos e as mesmas pessoas que criaram o sindicato continuavam dentro do sindicato (MARRÉ, 2011). Os sindicatos não atuavam com a força que os trabalhadores rurais estavam necessitando, funcionavam apenas como um órgão representativo do estado e não dos trabalhadores.

João Marré (2011) relembra a oposição que nasceu neste contexto:

> *Quando a gente fazia o trabalho de oposição sindical, nós fazíamos uma crítica muito forte aos dirigentes antigos do sindicato que não ajudavam a fazer os encaminhamentos da reforma agrária. [...] Nós formamos, tiramos da mão de, dos caras que já tinha décadas dentro do sindicato e que não correspondia mais, nós assim em*

poucos anos, nós fizemos uma organização no estado que nós retornamos os principais sindicatos todos no norte.

No período de 1977 a 1983, foram vitoriosas as oposições dos Sindicatos dos Trabalhadores Rurais de Colatina, Barra de São Francisco, São Gabriel da Palha, Linhares, Nova Venécia, Pancas e São Mateus (MARRÉ, 2011).

A partir do surgimento das oposições sindicais no Brasil, por volta de 1978, com o objetivo de criar um sindicato atuante e combativo, os novos líderes sindicais assumem o mandato com a responsabilidade de mobilização e reivindicação por terra:

> *Então nós fomos para direção do sindicato com uma posição muito forte, muito definida que nós tínhamos que fazer alguma coisa para a reforma agrária. Então aquelas famílias que a gente reunia para convencer elas que na eleição eles tinham que votar em outros dirigentes sindicais, mas a gente também já criava uma expectativa nelas de que nós íamos fazer a reforma agrária. Então, então nós, quando nós fomos para o sindicato, nós fomos sendo cobrados por várias famílias da posição que a gente tinha quanto era oposição sindical. Que a gente falava que nós íamos fazer a reforma agrária, mas cadê as terras. Então aí quando as famílias vinham procurar: aí então tudo bem, estamos aqui para colocar a nossa cara na reta e você, vamos colocar a sua também. Então vai, aí a gente reunia um, começava com duas, três, cinco famílias na comunidade para se reunir* (MARRÉ, 2011).

Segundo Valadão (1999) e Pizetta (1999), as negociações de acesso a terra com o estado eram realizadas basicamente pela CPT, STRs e CEBs, no período de 1983 a 1984. Durante um bom tempo a negociação com o Governo Estadual foi a estratégia encontrada por esses grupos de trabalhadores na luta pela terra para assentar as famílias. A executiva do Movimento, inicialmente, era formada por líderes sindicais de diversos municípios do norte:

> *Nós participávamos ao mesmo tempo da Direção Nacional, do Movimento e da Executiva Estadual do Movimento no Espírito Santo. A Executiva Estadual do Movi-*

> mento Sem Terra num, apesar de ter vários companheiros que eram membros de sindicatos de vários municípios, mas era uma, uma, uma executiva que decidia e encaminhava especificamente a luta pela terra. Então a gente participava das reuniões da Direção Nacional, vinha para o Estado reunia o grupo de companheiro que fazia parte da executiva [...] nós éramos de cada município, São Mateus, Nova Venécia, Linhares, São Gabriel, Vila Valério, Conceição da Barra, Pedro Canário, Barra de São Francisco, Ecoporanga (MARRÉ, 2011).

Nesses encontros, eram decididas as direções da luta pela terra e representantes de todos os municípios levavam os encaminhamentos e as discussões a serem repassadas nas comunidades. A Igreja foi muito representativa no norte do estado, no que tange à luta pela terra, principalmente na figura do Bispo Diocesano de São Mateus, Dom Aldo:

> Dom Aldo construiu num período longo muitas lideranças boas no norte, na diocese, no norte do estado e um pouco no interior da arquidiocese de Vitória com Dom Luiz, um que já até morreu e Dom João Batista Mota. Dessas lideranças de Vitória para cá do interior saiu boa parte das lideranças para o movimento social, sindical e depois Sem Terra (MARRÉ, 2011).

O primeiro assentamento ocorreu no município de Jaguaré-ES, em 13 de setembro de 1983, conhecido como Assentamento Córrego de Areia, beneficiando um total de 31 famílias de trabalhadores rurais desempregados em São Mateus. Valdinar dos Santos[13], relembra:

> Nós tivemos o 1º assentamento que no caso, o **13 de Setembro, que ele não foi uma ocupação.** Passamos a terra né, do Estado e que teve que ser montado um acampamento, trazendo as famílias para esse assentamento meio que às pressas em função que era uma

---

[13] Valdinar dos Santos, nascido em 19/9/1972, no município de Jaguaré, com formação pela Pedagogia da Terra – Universidade Federal do Espírito Santo (Ufes) (formação que aconteceu no Cidap). Educador nas escolas de Assentamento desde 1995, com atuação no Setor de Estadual de Educação do MST de 1995 a 2011, na função de coordenador do Setor de Educação do MST no período em que esta pesquisa foi realizada. Essas informações foram concedidas na entrevista realizada em outubro de 2010.

> *área que estava em disputa política devido a um grupo político do município de Jaguaré, que também pretendiam colocar seus aliados políticos, cabos eleitorais e que aí o pessoal teve que agir rápido e trazer um grupo de famílias oriundas do município de São Mateus, do bairro Vila Nova em São Mateus, sem muito trabalho de base, que talvez hoje a gente tem algumas consequências em função disso* (SANTOS, 2010, grifo nosso).

Por ter sido um assentamento formado às pressas, nem todo mundo conseguiu se adequar às condições do campo, muitos desistiram. João Marré (2011) atribui essas dificuldades à falta de um trabalho de base, com formação ideológica e política com as famílias assentadas.

Ainda em dezembro de 1984, fruto desse mesmo processo, o segundo grupo de sem-terra, composto de dez famílias, foi instalado em Jaguaré, em um local próximo à comunidade de São Roque, sendo denominado Assentamento São Roque.

A partir dos primeiros assentamentos muitos outros foram sendo conquistados, inicialmente no norte do estado do Espírito Santo e, posteriormente, no sul do estado. A cada conquista de assentamento, o movimento ganhava forças, e, com ele, a discussão sobre a reforma agrária. Envolveu várias instituições e grupos, mas estava para ser formado um movimento de base em nível nacional cujo berço foi, como afirmou Santos (2010), no estado do Espírito Santo em São Mateus.

1.4 CONSOLIDAÇÃO OFICIAL DO MST NO ESTADO DO ESPÍRITO SANTO: "OCUPAÇÃO É A ÚNICA SOLUÇÃO"[14]

O ponto de partida para a construção do Movimento dos Trabalhadores Rurais Sem Terra (MST) foi o 1º Encontro Nacional dos Sem-Terra, que aconteceu em Cascavel-Paraná, em janeiro de 1984, com a participação de aproximadamente 80 trabalhadores

---

[14] Morissawa (2001) destaca a nova palavra de ordem a partir da realização do 1º Congresso Nacional dos Sem-Terra em 1985, antes a autora destaca como palavra de ordem "Ocupar é a única solução".

rurais de terra de 12 estados: Rio Grande do Sul, Santa Catarina, Paraná, São Paulo, Mato Grosso do Sul, Espírito Santo, Bahia, Pará, Goiás, Rondônia, Acre e Roraima, além de representantes da Associação Brasileira de Reforma Agrária (Abra), da Central Única dos Trabalhadores (CUT), do Conselho Indigenista Missionário e da Pastoral Operária de São Paulo (Cimi) (MORISSAWA, 2001). "Esses apoios representavam a união de intelectuais, operários, indígenas e trabalhadores rurais em torno da formação de um movimento voltado a unificação das lutas dos sem-terra em âmbito nacional" (MORISSAWA, 2001, p. 139).

O Movimento não tem um dia de fundação, mas esse encontro marca a construção oficial do Movimento dos Trabalhadores Rurais Sem Terra nacionalmente, visto que os representantes dos diversos estados do país saem com a função de estruturar o movimento em seus estados mediante as diretivas traçadas no 1º Encontro Nacional dos Sem-Terra.

A partir das diretrizes do 1º Encontro, o MST passou a articular-se em diversos estados e essa articulação resultou na organização de quatro Congressos Nacionais dos Sem-Terra (1985, 1990, 1995 e 2000) na realização de diversos encontros Regionais e Nacionais (MORISSAWA, 2001).

Nesse 1º Encontro Nacional foram definidos os objetivos de lutar pela terra, lutar pela Reforma Agrária, por um novo modelo agrícola e lutar por transformações na estrutura da sociedade brasileira e por um projeto de desenvolvimento nacional com justiça social. A partir desse encontro, os trabalhadores e as trabalhadoras rurais saíram com o compromisso de construir um movimento em nível nacional, sendo a ocupação[15] da terra já definida como uma ação que deveria acontecer para dar sustentação e fortalecimento às ações de luta pela terra. Santos (2010) relembra:

---

[15] Ocupar significa, preencher um espaço vazio — no caso em questão, terras que não cumprem sua função social. Invadir, significa um ato de força para tomar alguma coisa de alguém em proveito particular (MORISSAWA, 2001, p. 141).

> [...] depois do 1º Encontro, que se tira o nome do MST, se define a bandeira e que aí então as pessoas que saíram aqui do estado e foram para esse encontro, é não sei se Paraná, o local exatamente do encontro, agora me falha aí a memória. Mas as pessoas vão para o encontro e voltam com essa tarefa de espalhar que o Movimento Sem Terra tinha que ganhar caráter a nível nacional. Então os delegados de cada estado que foram, aqui do Espírito Santo acho que duas a três pessoas que foram, voltaram com essa tarefa, que também tínhamos que organizar ocupações aqui no Espírito Santo, organizar as famílias que não tinham terra.

A ocupação representa para o Movimento dos Trabalhadores Rurais Sem Terra uma ação na perspectiva de abrir um espaço de luta e resistência. Com ela, se cria outra condição para o enfrentamento, e, ao realizá-la, os Sem Terra conquistam a possibilidade de negociação:

> Hoje eu digo sempre fui contra as invasões, mas também reconheço, se não tivessem feito ocupações, como eles a chamam, nunca teriam alcançado nada, isto é, como sempre é mexendo, empurrado que é que o povo consegue algum benefício, como outros, muitos outros cantos que, [...] por exemplo em corrigir buracos na rua, ou para alcançar a água, ou eletricidade, ou quantas e quantas vezes o povo só depois que deu alguma, alguma desgraça, algum desastre, alguma coisa é, que as autoridades se mexem, isto é, sempre um pouco forçada pelo povo [...]. Isso vale até hoje, o povo já aprendeu [...] mas a gente deve reconhecer que se as autoridades não se mexem o povo afinal, ele protesta do jeito que lhe é possível (GERNA, 2011).

Valadão (1999) rememora que um ano após o 1º Encontro Nacional, realizado em 1984, acontece o 1º Congresso Nacional dos Sem-Terra que reafirma "a ocupação de terras como um 'instrumento legítimo de pressão e luta para fazer avançar as conquistas dos trabalhadores e acelerar a reforma agrária no país'" (VALADÃO, 1999, p. 107).

O 1º Congresso Nacional dos Sem-Terra aconteceu em Curitiba-Paraná, em janeiro de 1985, com a participação de delegados de todo o Brasil e trouxe uma nova palavra de ordem "Ocupação é a única solução". Nesse congresso, decidiu-se não negociar com o governo, com a convicção de que a reforma agrária só avançaria se houvesse ocupações, lutas de massa (MORISSAWA, 2001). Nesse contexto, Maia afirma:

> É isso mesmo, e eram negociação, o que que fazia? Ia lá negociava com o Governo do Estado né, mais o Sindicato e aí conseguia um pedaço de terra. *Só que tinha muita gente sem terra, começaram os grupos organizados, e em 1985, outubro de 85, um mês antes teve uma grande reunião, até no salão São Benedito né, em São Mateus, que era um lugar que tinha mais apoio dos sindicatos, apoio do Sindicato de são Mateus, Sindicato de Nova Venécia, também naquela época apoiava né, e outros sindicatos do norte, Montanha. Teve uma grande reunião para ver, porque* já tinha muitos grupos de trabalhadores organizados e aí tinha um grupo que queria a negociação, mas tinha outro grupo que, que não queria mais a negociação, porque não estava dando resultado, estava já rolando e não tinha como. Negociação com o governo para desapropriação de Terra? Aí tinha muita gente que queria a ocupação mesmo, a pressão, ocupar terra por pressão, porque a negociação estava muito lenta já. Aí ganhou, por votação, ganhou a questão da ocupação (MAIA, 2010).

A mobilização dos Sem-Terra no Espírito Santo seguiu, portanto, as linhas gerais do 1º Congresso Nacional dos Sem Terra. O MST se expandiu para as demais regiões do país e, no final da década de 1990, estava organizado em 23 estados e as ocupações começaram a acontecer em todo o país e no norte do Espírito Santo, conforme Santos (2010):

> E que então o pessoal retorna para o Estado [após o 1º Congresso Nacional dos Sem-Terra em janeiro/1985] e que aí então vinha o Sindicato, a CPT, as Igrejas, passam então a organizar, começar fazer trabalho envolvendo cada vez mais as lideranças das Igrejas tal, e começa, e aí então é que **surge a 1ª ocupação,** [...] **que surge**

> *então o Assentamento 27 de Outubro, na Fazenda Georgina, é que aí então no ano posterior, em 85. E que aí sim, podemos dizer batizado o MST aqui no Espírito Santo com a ocupação e que a partir daí vários outros apareceram e essa forma de conquista da terra prevalecendo até hoje. Então assim é importante colocar aqui que a participação da Igreja, da CPT, do Sindicato dos Trabalhadores Rurais* (grifo nosso).

Assim, em 27 de outubro de 1985, após meses de trabalho de base, de articulação com as famílias Sem-Terra nos municípios do norte do Espírito Santo, aconteceu a primeira ocupação do MST no estado, com a participação de 300 famílias. Essa ocupação aconteceu na Fazenda Georgina, localizada no Distrito de Nestor Gomes, interior do município de São Mateus.

Essa 1ª ocupação oficializou o nascimento do MST no Espírito Santo e diferenciava-se das anteriores por sua forma de organização e garantia dos objetivos, discutidos no 1º Congresso Nacional dos Sem Terra. Aqueles trabalhadores e trabalhadoras não estavam dispostos apenas a lutar por aquela terra, mas compreendiam que essa luta significava a construção do Movimento que levaria à luta para outras terras, fortalecendo a concretização do Movimento para outras regiões do estado.

A maioria dos sindicalistas rurais do Espírito Santo não internalizou imediatamente a estratégia de ocupação de terras, privilegiando a negociação com o estado, por ser um caminho mais seguro na condução para a luta pela terra. Apesar disso, alguns líderes sindicais que já estavam insatisfeitos com a morosidade das negociações de terra com o estado apoiaram as ocupações como um caminho mobilizador da luta pela terra. Esse caminho foi de idas e vindas, pois alguns desses líderes retiraram o apoio em momentos seguintes quando surgiram vários conflitos.

Em maio de 1986, os Sem Terra capixabas realizaram o 1º Encontro Estadual, apoiados pela CPT e CUT, no mês seguinte a CPT organizou a primeira Romaria da Terra do Espírito Santo, como apoio aos Sem Terra locais (MORISSAWA, 2001).

Em dezembro de 1987, o MST fundou o Centro Integrado de Desenvolvimento dos Assentados e Pequenos Agricultores (Cidap), no Assentamento Juerana, município de São Mateus, sendo essa uma associação sem fins lucrativos, que passa a ser o espaço específico para condução da luta pela terra, realizando formação política, negociação de projetos e servindo como espaço jurídico de representação legal dos assentados (PIZETTA; SOUZA, 2005). Nesse mesmo ano, deu-se início à construção do prédio no Km 44, Rodovia São Mateus-Nova Venécia. Atualmente, o Cidap funciona como centro de Formação do MST, o que lhe concedeu uma nova nomenclatura, Centro de Formação Maria Olinda ou Ceforma (PIZETTA; SOUZA, 2005).

Na essência, o MST nasceu como um movimento camponês, que tinha como bandeira reivindicações prioritárias: a luta pela terra, a concretização da reforma agrária e mudanças gerais na sociedade.

1.5 TENSÕES E CONFLITOS NA LUTA PELA TERRA

É na experiência continuada dos embates que se dá a estruturação do MST, com a afirmação de sua autonomia em relação às organizações mediadoras como a CPT, a Igreja e os STRs. A maior dificuldade dos líderes do movimento era de se livrar da União Democrática Ruralista (UDR), que tinha o objetivo de desmoralizar a Igreja e as entidades que apoiavam os Sem Terras, utilizando a força policial e armamentos nos conflitos de terra. A UDR surgida em 1985:

> [...] compunha-se, predominantemente, de pecuaristas [...] todos temerosos [...] da condição de 'improdutivos' prevista na proposta do PNRA[16], o que os tornava candidatos às desapropriações, já não atenderem aos requisitos mínimos para o cumprimento da função social da terra. Seria em torno deles que se aglutinariam grandes proprietários e empresários, defensores de uma ação mais aguerrida contra a reforma agrária na conjuntura da transição política brasileira (STEDILE; MENDONÇA, 2010, p. 126).

---

[16] PNRA – Plano Nacional da Reforma Agrária.

Em junho de 1986 é criada a UDR no município de Cachoeiro de Itapemirim, estado do Espírito Santo, com expansão para outros municípios do estado por meio da criação de núcleos nas áreas consideradas de reforma agrária. No norte do Espírito Santo, grande parte dos representantes dos Sindicatos Rurais Patronais se uniu em torno da UDR. João Marré (2011) relembra do momento, quando, percebendo a aglutinação das forças contrárias, inclusive com a cooptação da polícia, o movimento mudava também sua conduta:

> [...] Aliado a isso na época, é muitos policiais se envolveram e assumiram, com os proprietários, com o pessoal da UDR, assumiram a defesa deles. Muitos policiais se transformaram em defensores da, de propriedade, dos proprietários. Ai a gente era perseguido muitas vezes pelos proprietários e pelos policiais, [...] mas muito deles, aqueles que fazia alguma coisa, fazia contra a gente a favor dos proprietários, perseguia, é, é a gente não podia sair pra lugar nenhum que eles já estavam atrás, qualquer lugar que a gente ia, era uma perseguição danada, então na verdade, os proprietários, eles usavam muito a força da polícia pra se proteger e pra perseguir a gente. Então a gente tinha que trabalhar o movimento, organizar as famílias, reunir as famílias, fazer vistoria, fazer as decisões que tinham que fazer e ao mesmo tempo, fazendo isso muitas vezes, tudo aos escondidos. Num é que é uma coisa ilegal que a gente ia fazer uma violência contra ninguém, nada disso. Mas se a gente não tivesse muita cautela mesmo, muito segredo nas coisas a gente não conseguia fazer nenhuma ocupação de terra, por que a gente era 24 horas vigiado.

No Espírito Santo, como no restante do país, a UDR caracterizou-se pelo enfrentamento direto com os trabalhadores rurais, denúncias das ações da CPT e, em alguns casos, até a formação de milícias armadas nas áreas de conflitos.

Nessa conjuntura, aconteceram muitos assassinatos, muitas pessoas atuantes no movimento foram mortas, outras tantas tiveram que deixar o estado para continuar lutando e permanecerem vivas. Aqueles que, inicialmente, não acreditaram nas perseguições, acabaram sendo assassinados. Santos (2010) relembra com terror desses tempos e das artimanhas que tiveram que ser utilizadas para salvar vidas:

> Mas sei assim de vários casos de Padres que teve que sair de um município para outro, que era transportado no meio de mercadorias, sacos de coisas. No meio colocava o padre para passar despercebido ou em porta-mala de carros, para poder fugir das barreiras que se tinha né. Porque essa questão dos pistoleiros na época era muito forte [...]. A diferença daquela época para hoje, que hoje a pessoa chega frente a frente, é capaz de lhe dar um tiro. Naquela época era muito a questão da traição, de esperar em um determinado ponto e tal. Isso foi muito assustador né.

A tática utilizada pelo MST para garantir a terra acontecia por meio da montagem do acampamento, porque, efetivando ou montando o acampamento, o Movimento seria força de pressão: o fato político estava criado (SOUZA et al., 2005) e, com ele, as bases para a negociação da terra e a posterior ocupação. Dom Aldo Gerna (2011) se lembra desse momento de acirramento da luta:

> Os fazendeiros, entretanto, eram convencidos que eu era o organizador das invasões e sei que tinha decidido que ia me eliminar, estava na lista daqueles que deveriam ser eliminados, e eu num é que tomei muitas providências, só alguma coisa, não me expus tanto como antes, mas não tomei muitas coisas. Se tivesse feito alguma coisa comigo era a maior das injustiças porque na verdade todas as responsabilidades que jogavam por cima de mim, não existia. O que existia nosso era um incentivo a que o povo se organizasse e defendesse e procurasse os seus direitos, isto de maneira muito sintética. [...] Nunca eu roguei ou abençoe esta, sempre fui contra até por um motivo que provavelmente ninguém vai entender. Porque quando eu visitava os acampamentos eu voltava arrasado ao ver ali a vida infra-humana, sub-humanos que eles levavam no acampamento [...]. Por outro lado eu reconheço e nisso eu fui ajudado pela conferência dos bispos, que me dissera, olha o MST é um movimento social de ponta, avançado [...].

Em muitas tentativas de ocupar diretamente a terra, por repressão de pistoleiros e fazendeiros, o Movimento teve que recuar, montando acampamento nas proximidades da terra entre a estrada e a cerca de arame. As mortes tinham que parar e a tentativa de ocupação na Fazenda Ipuera, município de Pedro Canário, em 1989, marcou a história de conflitos por terra no norte do estado.

O MST estava preparando a maior ocupação na Fazenda Ipuera, com participação de 700 famílias. A UDR infiltrou alguns de seus membros nas reuniões preparatórias da ocupação e conseguiu saber por onde viria a maioria dos grupos de famílias. Com a ajuda da polícia conseguiu barrar os caminhões que transportavam esses grupos. Os que chegaram à fazenda foram atacados por pistoleiros e fazendeiros. Houve troca de tiros que resultou no ferimento de Trabalhadores Sem Terra, vitimando o proprietário da Fazenda e um militar, que atuava como pistoleiro.

Esse episódio inesperado e imprevisto pelas lideranças do MST teve consequências dramáticas no conjunto de luta e da organização. A repressão ficou mais assustadora e inúmeros trabalhadores foram presos arbitrariamente e torturados. Várias lideranças foram ameaçadas e obrigadas a deixar a região.

> É no conflito de Pedro Canário, aí foi, foi a gota d'água, é, e vou te falar que poucas pessoas, de novo sabem disso, [...], depois o próprio movimento começou a ter problema político, tinha um grupo mais radical que achava que já ocupar a terra já não era mais suficiente, tinha que fazer algo além disso, tinha que se preparar para fazer o enfrentamento né (MARRÉ, 2011).

Na ocupação de Pedro Canário, o Movimento Sem Terra não estava 100% coeso, mas dividido em suas ações, pois havia lideranças que apoiaram e outras representações do Movimento contrárias àquele enfrentamento. José Rainha Júnior, um líder sindical da época e um dos fundadores do Movimento, articulador de ações de luta pela terra nos municípios de Linhares e São Mateus, foi responsabilizado e processado pelas duas mortes ocorridas no município de Pedro Canário e, inclusive, o nome do Bispo da Diocese de São Mateus,

Dom Aldo Gerna, apareceu no processo. João Marré (2011) aponta as dificuldades que surgiram:

> Felizmente não, essa posição não, não prosperou, talvez até por causa de todo entrave que deu na nossa avaliação, a partir desse conflito de Pedro Canário. Aí nós perdemos várias lideranças, muita gente ficou com medo de se organizar, de estar junto com o Movimento, e aí na minha avaliação um Movimento que um grupo achava que ia ser um avanço, foi o retrocesso, foi, foi uma queda muito grande de, e aí a gente não conseguia mais articular as famílias, aquela coisa toda né, por que começou a gerar uma opinião que o Movimento era só um Movimento pra fazer, pra fazer violência, pra fazer baderna [...].

Nesse período, o MST enfrentou um momento frágil, de enormes dificuldades, marcado por problemas de relacionamento com setores da Igreja, com alguns sindicalistas, entre outras instituições que apoiavam as ações do MST, como a CUT. Diante disso e da perseguição da polícia, o MST ficou cerca de um ano sem conseguir mobilizar as famílias para o trabalho de base.

> [...] Dom Aldo, principalmente, retirou o apoio dele publicamente e ele fez isso. Ele escreveu carta para todas as paróquias e todas as comunidades, nas paróquias, na diocese inteira leu a carta retirando o apoio dele na verdade. Só que a Comissão Pastoral da Terra criou uma certa independência da Igreja Católica, não só no Espírito Santo, mas no Brasil inteiro. Tanto que a Comissão Pastoral da Igreja Católica já nessa época do conflito, quando Dom Aldo fez o rompimento, já tinha pastores de outra igreja que fazia parte da Comissão Pastoral da Terra. Aí já não era mais uma comissão só ligada à Igreja Católica, nós conseguimos que os mesmos pastores que ajudavam a gente, fazia campanha lá de alimentação e não sei o que mais, eles acabaram vindo e sendo membros da Comissão Pastoral, a CPT né (MARRÉ, 2011).

A CPT foi criada pela Igreja católica, mas, no norte do Espírito Santo, destacamos o apoio da CPT e da Igreja separadamente, pelo rompimento que aconteceu após o conflito de Pedro Canário.

O bispo Dom Aldo Gerna apoiou o Movimento até o momento em que esteve dentro dos princípios da Igreja. Sua justificativa é de que as primeiras ações pela terra tiveram na "Bíblia" uma condutora das discussões:

> *E, aliás, aqui eu até vou fazer uma distinção, aos poucos, movimento, CPT [gaguejou] e diocese foram se distinguindo e o mais radical naturalmente é o movimento que parece que não tem limites nas suas coisas. A CPT por ser coisa da diocese, da [gaguejou] dos bispos era mais moderada, mais dialogada e finalmente, a diocese ela chegou ao ponto de dizer 'Não quero mais nada com vocês, nós vamos fazer ainda a nossa ação social', mas de maneira que chegamos a fundar uma CPT diocesana que depois não vingou, por que para nós o, o, vamos dizer o importante era a mentalidade era criar a consciência, nossa palavra era conscientização, conscientização, promoção humana, conscientização, era o que dizemos o mais possível, isto é nós criamos consciência, mas não dependia de nós as ações diretas enquanto eram ligadas ao movimento, [...] houve outro episódio quando um padre que era responsável pela CPT, nosso diocesano, ordenado por mim, quando ele me disse que a 'CPT não tinha nada com a Diocese', eu quase caí de costas e respondi 'CPT, Comissão Pastoral, ela não tem nada com a Diocese? É muito boa esta notícia!' Para dizer-lhe sei que juridicamente ela não tem nada, mas moralmente não pode ser assim, de qualquer modo se é assim então também a Diocese não tem nada com vocês, quer dizer a partir de hoje o divórcio está feito* (GERNA, 2011).

Além de o Bispo da Diocese de São Mateus, Dom Aldo Gerna, ter tirado seu apoio publicamente por ter sido responsabilizado pelas ações do Movimento, a relação com a CPT estava fragilizada:

> *[...] caminhamos juntos um tempo, juntos nos sentidos assim de que os dirigentes do MST, da CPT e os encarregados das dioceses eram os mesmos, de maneira que as três coisas de algum modo se coincidiam, eram como que uma coisa só, depois nos demos conta que não poderíamos embarcar na metodologia deles [...]* (GERNA, 2011).

O período entre os anos de 1989 e 1991 foi marcado pelo desencadeamento de uma série de conflitos, com o assassinato de lideranças do Movimento dos Trabalhadores Rurais Sem Terra, tendo como intermediários os fazendeiros da região que contavam com o apoio do poder executivo e judiciário. Nas diversas ações patrocinadas pela UDR e apoiadas pela Polícia Militar e o poder judiciário, ficou evidente a intenção de esfacelar o movimento.

No entanto, apesar de todas as represálias e repressões, no período de 1985 a 1989, o MST do Espírito Santo já havia conquistado 21 assentamentos. O MST entrava em um momento de inflexão, mas a luta pela terra não poderia parar e iniciaram, cautelosamente, os trabalhos de reunir as famílias, quase que de casa em casa e aos poucos reunindo as entidades que mantiveram o apoio à luta pela terra no norte do Espírito Santo.

Após os conflitos e a repressão que atingiram brutalmente o MST-ES, resultado do conflito de 1989, o movimento ressurge em 10 de agosto de 1992. Novos grupos de Sem Terras, compostos aproximadamente de 250 famílias, ocupam a Fazenda São Joaquim no município de Conceição da Barra. Essa ocupação marca uma nova fase de articulação do MST-ES, envolvendo outros setores da sociedade civil organizada, como parlamentares do PT e de outros partidos, o apoio de alguns sindicatos do norte do estado do ES e, principalmente, da CUT, que havia tirado seu apoio, também o apoio de pastorais na capital do estado, possibilitando, dessa forma, maior suporte e defesa ao MST e sua bandeira.

1.6 MUDANÇAS NO MST: CAMINHAR SOZINHO

> *[...] chega um momento que o Movimento tem que caminhar sozinho [...]*
> *(MARRÉ, 2011).*

A partir do momento em que o MST passa a conduzir as ações da luta pela terra de forma diferenciada do que vinha sendo conduzida pelos mediadores, no caso específico os líderes sindicais, CPT e a Igreja, estabeleceu-se um enfraquecimento na atuação dos mediadores.

Enquanto os mediadores negociavam a terra diretamente com o poder Público Estatal, sem confrontá-lo, a forma de luta estabelecida pelo MST a nível nacional foi a ocupação, sem negociação e com diversas mobilizações, como as marchas e consolidação de acampamentos. Apesar desse distanciamento, os entrevistados ressaltam que esses mediadores trouxeram contribuições significativas na trajetória da reforma agrária do estado e, principalmente, para a estruturação do MST

> *[...] e aí na pessoa assim, de alguns padres, lideranças de sindicatos, talvez a existência hoje do MST hoje, quanto aqui no Espírito Santo como a nível nacional. Que sem essas pessoas aí, talvez (pausa) não consigo imaginar aqui como seria* (SANTOS, 2010).

Com o distanciamento, o MST passa a caminhar sem a articulação direta da Igreja, CPT e Sindicato dos Trabalhadores Rurais:

> *[...] a CPT, eu acho, que está mais enfraquecida e tudo mais, mas continua com a mesma posição de sempre [...].*

> *[...] os sindicatos hoje num, nem passa dentro do sindicato mais nada a questão da reforma agrária não, do sindicato dos trabalhadores rurais, agora só mesmo, o Movimento* (MARRÉ, 2011).

São instâncias com força social e que fizeram uma grande mobilização para o objetivo proposto, a reforma agrária no norte do Espírito Santo em um momento em que o capitalismo intensifica sua devastação às terras.

Dom Aldo Gerna foi uma força que conduziu, inicialmente, a luta pela terra no norte do Espírito Santo, até pela importante atuação da Igreja nas comunidades do interior e a abrangência da Diocese de São Mateus nos municípios do norte do estado. Sua posição política na luta pela terra se fortaleceu muito no Espírito Santo e até no Brasil, defendeu o que acreditava ser melhor para o norte do estado, considerando os preceitos religiosos, chegou a dizer no período de industrialização do norte, que *"não queria ser bispo de boi, de cana e eucalipto",* fala que repercutiu em todo Brasil, visto que:

> *[...] não estava ficando mais gente nas, nas comunidades, pra um bispo falar um negócio desse, você imagina quantas lideranças nas comunidades, nas paróquias*

> *tinha com a mesma posição do bispo. Ele construiu isso, então essa construção dele também veio a construção de lideranças que assumiram mais, mais eficazmente a luta pela reforma agrária no norte* (MARRÉ, 2011).

Como vimos, alguns acontecimentos marcaram a fragmentação e o enfraquecimento dos mediadores. A Igreja se afastou do Movimento e hoje:

> *Agora nossa igreja, porém, dentro tanto que apanhamos, se eu e a diocese, é claro, que nós. E hoje a diocese, eu acho, ela não perturba ninguém, isso não é bom não. (Risos) É... não perturba mais autoridades, no momento não, não, de repente está cochilando, nós nos adaptamos?* (GERNA, 2011).

O MST conseguiu se reerguer, pois soube se organizar e se articular nacionalmente. Sua estrutura é composta pela base popular que esteve excluída historicamente pelo capitalismo. Segundo Stedile e Fernandes (1999, p. 35),

> O MST só conseguiu sobreviver porque conseguiu casar os interesses particulares, corporativos, com os interesses de classe. Se tivéssemos feito um movimento camponês apenas para lutar por terra, esse movimento já teria terminado. Qualquer movimento camponês que restringir sua luta ao aspecto corporativo, sindical, estará fadado ao fracasso.

Toda a estrutura começa no acampamento e, posteriormente, se fixa nos assentamentos, sendo momentos indispensáveis para a qualificação da luta do Movimento. Nessa trajetória, a luta travada pelo MST passa por momentos de retrocessos e avanços em um movimento dialético[17] e vai se transformando a partir do envolvimento dos sujeitos. Assim, o MST dissemina uma luta que engloba a sociedade dentro de suas diversas categorias: sem-terra, desempregados, sem-teto, meeiros, pessoas que desejam sair das periferias das cidades a procura de uma vida melhor. A diversidade sustenta o Movimento e sua luta passa a ser definida dentro das necessidades

---

[17] Para Marx, o dado primeiro é o mundo material, e a contradição surge entre homens reais, em condições históricas e sociais reais. Assim, o mundo material é dialético, isto é, está em constante movimento, e historicamente as mudanças ocorrem em função das contradições surgidas a partir dos antagonismos das classes no processo da produção social (ARANHA; MARTINS, 1993, p. 88-90).

do conjunto que o compõe. Dentro dessas necessidades, além da luta pela terra, passa a acontecer a luta por uma Educação do Campo, a luta pela igualdade de gênero, pela saúde, por créditos de produção e tantas outras lutas que surgem dentro das discussões do Movimento.

O MST conseguiu manter-se enquanto movimento social por possuir características específicas que envolvem diretamente a base. Dentre essas características, destaca-se o fato de ser "um movimento popular, popular no sentido de que dentro da família camponesa todos participam: o idoso, a mulher e a criança" (STEDILE; FERNANDES, 1999, p. 35). Esse ponto o diferencia do sindicato, porque, tradicionalmente, somente o homem adulto participa das assembleias sindicais. O Movimento, na medida em que inclui todos os membros da família, permite uma força de participação de todos os envolvidos, de maneira que todos participem ativamente das decisões.

Outra característica de ser popular é que desde o início, talvez até pelo trabalho da Igreja nas comunidades, torna-se aberto a todos que desejam compor a luta do Movimento. Isso também deu uma consistência maior ao MST, ele soube se abrir ao que havia na sociedade, não se fechando como um movimento tipicamente camponês, do qual "só pode entrar quem pega na enxada" (STEDILE; FERNANDES, 1999).

Com o tempo, foram surgindo outros movimentos com caráter de luta pela terra, com uma estruturação específica de luta:

> *Naquela época, até poucos tempos atrás, só o movimento Sem Terra fazia ocupação, fazia acampamento. Hoje não, hoje outras entidades também fazem ocupação. Hoje nós temos o Assentamento da Federação, o Assentamento da CUT, outros assentamentos né. Todos são sem-terra também né, só que a organização é diferente. O objetivo é o mesmo, mas tem a forma e a estruturação que é diferente* (MAIA, 2010).

Atualmente, o MST possui 63 assentamentos no estado do Espírito Santo, com 2.806 famílias assentadas por meio da luta desencadeada pelo MST até o ano de 2011, no estado.

TABELA 1 – ÁREAS DE ABRANGÊNCIA MST/ES

BRIGADA	PROJETO DE ASSENTA-MENTO	Nº DE FAMÍLIA	MUNICÍPIO	DATA DE CRIAÇÃO
VALDÍCIO BARBOSA DOS SANTOS	PA PONTAL DO JUNDIÁ	48	CONCEIÇÃO DA BARRA	16/02/1986
	PA PAULO VINHAS	63		05/12/1996
	PE INDEPENDÊNCIA	10		14/03/1988
	PE RIO PRETO ITAÚNAS	30		25/06/1985
	VALDÍCIO B. DOS SANTOS	89		09/04/1996
	PA CASTRO ALVES	129	PEDRO CANÁRIO	05/05/1980
	PE NOVA CONQUISTA	19	PINHEIROS	12/02/1985
	PA GUANABARA	12	SAO MATEUS	19/02/1998
Total	**08**	**400**	**04**	
QUILOMBO DOS PALMARES	PE CÓRREGO DA ONÇA	8	JAGUARÉ	16/12/1985
	PE CÓRREGO DA AREIA	31		15/09/1984
	PE SÃO ROQUE	12		04/12/1985
	PA ZUMBI DOS PALMARES	151	SAO MATEUS	13/12/1999
	PE VALE DA VITÓRIA	39		19/05/1986
	PE PRATINHA	17		22/09/1991
	CÓRREGO GRANDE	27		17/02/1985
	PE SÃO VICENTE	5		30/09/1991
	PA GEORGINA	81		12/11/1986
	PA JUERANA	18		12/05/1987
Total	**10**	**389**	**02**	

IRMÃ DOROTHY	PA 16 DE ABRIL	48	AGUIA BRANCA	24/09/1998
	PE VALE DO OURO	30	ECOPORANGA	22/12/1989
	PE 22 DE JULHO	12		19/09/1991
	PE BOM JESUS	18		17/09/1991
	PA CÓRREGO VERMELHO	7		10/01/1993
	PA PIP-NUCK	50	NOVA VENECIA	18/06/1987
	PE 13 DE MAIO	45		15/05/1989
	PE TRÊS PONTOES	20		09/07/1988
	PA CELESTINA	31		26/12/1997
	PA GAVIÃOZINHO	25		11/07/1991
	PE CÓRREGO ALEGRE	18		12/12/1988
	PA CARLOS LAMARCA	26		21/02/2011
	PA ADÃO PRETO	39	SÃO GABRIEL DA PALHA	04/01/2010
	PA VALMIR ANTONIO BARBOSA	20		18/03/2011
Total	14	389	04	
INDIO GALDINO	PA C. DO RIO QUARTEL	15	LINHARES	28/08/1987
	PA SEZINIO FERNANDES	100		04/06/2008
	PA TOMAZZINI	39	SANTA TERESA	31/12/1997
	PA PIRANEMA	65	FUNDAO	31/12/1997
	PA NOVA ESPERANÇA	50	ARACRUZ	27/07/1995
	PA ITA	55	ITAGUAÇU	24/06/1998
Total	06	324	05	

SATURNINO RIBEIRO DOS SANTOS	PA CÓRREGO DA LAGE	118	**MUCURICI**	09/04/1996
	PE CÓRRÉGO DO BALÃO	7	**MONTANHA**	18/07/1985
	PA ADRIANO MACHADO	74		10/01/2005
	PA OZIEL ALVES	55		10/01/2005
	PE F. DOMINGOS RAMOS	25		23/06/1988
	PE BELA VISTA	34		14/07/1985
	PA O. R. DE CARVALHO	98	**PONTO BELO**	29/04/2002
	PE 11 DE AGOSTO	11	**PINHEIROS**	28/02/1986
	PA MARIA OLINDA	71		29/08/1997
	PE NOVA VITÓRIA	32		17/02/1986
	PA OLINDA II	86		04/02/1997
Total	**11**	**611**	**04**	
FRANCISCO DOMINGOS RAMOS	PA PADRE PEDRO	37	**MANTENOPOLIS**	22/12/2000
	PA FLORÊNCIO TOZZO	36		21/08/2006
	PA MADRE CRISTINA	35	**PANCAS**	06/07/2005
	PA MARGARIDA ALVES	6		09/11/2005
Total	**04**	**114**	**02**	

Brigada	Assentamento	Famílias	Município	Data
JOSÉ MARCOS DE ARAÚJO	PA SANTA RITA	50	BOM JESUS DO NORTE	05/12/1996
	PA F. FERNANDES	34	GUAÇUI	01/08/2003
	PA SANTA FÉ	50	APIACA	23/12/1998
	PA TEIXEIRINHA	27	APIACA	26/12/2002
	PA E. CHE GUEVARA	44	MIMOSO DO SUL	08/04/2004
	PA RANCHO ALEGRE	56	MIMOSO DO SUL	03/04/1998
	PA NOVA SAFRA	105	ITAPEMIRIM	23/12/1998
	PA 17 DE ABRIL	78	MUQUI	29/04/2002
	PA MONTE ALEGRE	60	MUQUI	03/09/1999
	PA JOSÉ M. DE ARAÚJO	75	PRESID. KENNEDY	27/07/2009
Total		**10**	**579**	**07**
TOTAL		63	2806	26*

*A localização dos assentamentos está organizada por brigadas, ocorrendo repetição de alguns municípios que possuem um número maior de assentamentos em diversas brigadas.
Fonte: Incra — SRE/2011

Assim, os assentamentos organizados pelo MST estão estruturados em 26 municípios do estado do Espírito Santo. De acordo com Dom Aldo Gerna (2011), a reforma agrária praticamente aconteceu norte do Espírito Santo, mas será que a reforma agrária realmente aconteceu?

No contexto histórico, percebemos que a reforma agrária começou a acontecer no Brasil e no norte do Espírito Santo, fruto de uma luta, estagnando-se à medida que fatos políticos a ameaçavam ou a impediam de avançar.

As extensas plantações de eucalipto no interior do estado nos mostram que o monopólio capitalista no campo continua avançando e que a reforma agrária se tornou algo urgente para o meio ambiente e para as famílias que praticam a agricultura familiar no campo. Mas como sobreviver praticando a agricultura familiar se o monopólio do agronegócio está por toda parte monopolizando o plantio no campo, por meio do mercado e da mídia eletrônica e visual? Essa não é a única questão que o MST enfrenta atualmente.

As mobilizações ganharam uma marca por meio dos acampamentos e das marchas, com a utilização de simbologias que os Sem Terra usam como evidências de uma trajetória de luta e que mostram concretamente à burguesia, que é uma luta contra a exclusão histórica dos direitos negados à classe popular. Essas evidências estão na Bandeira, no Hino dos Trabalhadores Rurais Sem Terra, na palavra de ordem entoada com grito forte e extensão do braço esquerdo.

A mídia, a serviço do grande capital, utiliza desses mesmos símbolos para classificar o Movimento como badarneiros e até mesmo de terroristas. Como enfrentar essa descaracterização da seriedade do movimento diante de uma população que aceita fielmente os preceitos da mídia?

1.6.1 Estrutura nacional do MST

Na construção e expansão do MST, diversas comissões, equipes, núcleos, setores e outras formas de atividades foram surgindo mediante encaminhamentos das questões ligadas à luta pela terra em todas as suas dimensões. A forma de organização que o Movimento possui hoje foi desenvolvida a partir da própria luta. Não havia fórmulas prontas e acabadas de como agir nas diversas circunstâncias. Aos poucos, devido às próprias necessidades, os diversos setores foram sendo criados.

No período de 1985 a 1990, o MST constitui suas estâncias de representação que se tornaram os espaços políticos em que se analisam as diretivas e traçam linha políticas gerais de atuação, que acontecem nos seguintes espaços (MORISSAWA, 2001):

- *Congresso Nacional*, realizado a cada cinco anos e que tem como objetivo a definição de linhas diretivas e estratégicas;

- *Encontro Nacional*, realizado a cada dois anos para avaliar, formular e aprovar linhas políticas e os planos de trabalho dos setores de atividades;

- *Coordenação Nacional*, composta por dois membros de cada estado, eleitos no Encontro Nacional, sendo responsável pelo cumprimento das deliberações do Congresso e Encontro Nacional, bem como pelas decisões tomadas pelos setores de atividades;

- *Direção Nacional*, composta por um número variável de membros indicados pela Coordenação Nacional. Além de ter funções e divisão dos trabalhos são ratificadas pela Coordenação Nacional, que deve acompanhar e representar os estados e trabalhar na organização do Movimento por meio de setores de atividades;

- *Encontros Estaduais*, realizados anualmente para avaliar as linhas políticas, as atividades e as ações do MST. Programam atividades e elegem os membros das Coordenações Estadual e Nacional;

- *Coordenações Estaduais*, compostas por membros eleitos nos Encontros Estaduais. São responsáveis pela execução das linhas políticas do MST, pelos setores de atividades e pelas ações programadas nos Encontros Estaduais;

- *Direções Estaduais*, representações compostas por um número variável de membros indicados pelas coordenações estaduais, que são responsáveis pelo acompanhamento e representação das regiões do MST nos estados, bem como pela organicidade e desenvolvimento dos setores de atividades;

- **Coordenações Regionais**, compostas por membros eleitos nos encontros dos assentados, contribuem com a organização das atividades referentes às instâncias e dos setores;

- **Coordenações de Assentamentos e Acampamentos**, compostas por membros eleitos pelos assentados e acampados, são responsáveis pela organicidade e desenvolvimento das atividades dos setores.

Nos assentamentos e nos acampamentos foram formados grupos de base para encaminhamento dos trabalhos. Esses grupos são compostos por famílias, por jovens na composição dos setores: setor de produção dos assentamentos, setor de formação, setor de educação, setor de comunicação e propaganda, setor de finanças e projetos, setor de gênero e a criação de outros setores mediante necessidade do movimento.

A organização começa no acampamento ou assentamento, a nível regional, dessa regional tiram-se representações dos diversos setores para composição dos Setores da Estadual e, dessa, selecionam-se representantes dos diversos setores para a composição nacional. Assim, o Movimento possui uma estrutura organizativa diferente dos outros movimentos sociais, possuindo uma forte organização de base a nível nacional, estadual e regional, o que fortalece o movimento dentro da sociedade e mediante os poderes públicos.

O MST se fixou como movimento de massa que possui uma bandeira própria, com princípios distintos de luta pela reforma agrária, sendo reconhecido nacionalmente, pela sua atuação nas diversas reivindicações organizadas travadas pelo e com o coletivo.

Capítulo 2

EDUCAÇÃO DO CAMPO

2.1. "QUE TIPO DE EDUCAÇÃO EU QUERO PARA O MEU FILHO E MINHA FILHA?"

O Espírito Santo recebeu imigrantes de diversas partes da Europa, principalmente da Alemanha e da Itália que, junto aos portugueses, africanos e indígenas aqui residentes, deram os traços principais da cultura capixaba. Assim, como resultado de um encontro de raças que compõe a história rica de tradição e costumes, o estado do Espírito Santo possui características marcantes de ocupação de seu solo e a importante presença de populações campesinas. De acordo com o Comitê Estadual de Educação do Campo-ES:

> Estas comunidades formadas pelos encontros e desencontros de etnias em diversos momentos do processo histórico. Diversos grupos de indígenas, africanos e europeus foram compondo a natureza com suas culturas agrárias produzindo saberes, sabores e identidades múltiplas que se constituem hoje num rico mosaico, que é o território capixaba. Essas comunidades vêm ao longo do processo resistindo para produzir seus valores apesar de inúmeras tentativas de desterritorialização encadeadas por políticas públicas e privadas. Mas ao longo da história estes sujeitos sociais aprenderam também a se articular através de mobilizações sociais, buscando uma maior organização regional para suas ações (COMITÊ ESTADUAL DE EDUCAÇÃO DO CAMPO ESPÍRITO SANTO, 2008, p. 7).

Dessa forma, falar em Educação do Campo no Espírito Santo é dialogar sobre diferenças, territorialidades, resistências, lutas, conflitos, conquistas, alternativas, projetos e possibilidades. As trajetórias históricas diferenciadas das comunidades indígenas, das comunidades quilombolas, das comunidades de imigrantes europeus, e tantas outras que se construíram na história, como os assentados, colocam em destaque a necessidade de reflexão dos seus direitos e dos seus saberes.

E nos perguntamos que educação esse povo com identidade própria teve durante essa trajetória. A história marca também o conceito de educação rural que esteve associado a uma educação precária, atrasada, com pouca qualidade e poucos recursos, tendo como pano de fundo um espaço rural visto como inferior e arcaico. Os pouquíssimos programas ocorridos no Brasil para a educação rural foram pensados e elaborados sem seus sujeitos e prontos para eles, sem considerar a realidade local. Souza (2006, p. 51, grifo da autora) contextualiza:

> [...] os termos *rural* e *campo* possuem sentidos diferentes [...]. O sentido da educação rural aparece quando há referência à política educacional do início do decorrer do século XX, cuja preocupação era com ações que pudessem superar o 'atraso' presente entre os trabalhadores e moradores do espaço rural. Já o sentido de Educação do Campo aparecerá quando estiver em destaque a ação dos movimentos sociais e as parcerias em desenvolvimento nesse início de século, oriundas da dinâmica social do campo no final do século XX. É um conceito configurado a partir da ação dos movimentos sociais do campo, destacando os aspectos da identidade e da cultura.

No contexto da história da educação, a ideia de uma escola pública e estatal só se consolida a partir do século XVIII, com a ascensão da burguesia e da indústria. Os trabalhadores das cidades, agora operários, e não mais camponeses, precisavam ter noções básicas das ciências para serem mais eficientes em seus trabalhos e ainda noções de cidadania para fazer frente às novas formas de governo (MANACORDA, 1999). É uma escola que surge dentro dos moldes industriais para manter a fábrica urbana. Logo, seria natural o compromisso da educação com o urbano, afinal, a indústria precisava que a maioria dos camponeses migrasse para a cidade para aumentar a disponibilidade de mão de obra nessa nova atividade.

No entanto, essa mesma escola, com moldes industriais, estende-se para o campo. De acordo com Souza (2006, p. 54), no Brasil:

> Na década de 1940 foi criada a Comissão Brasileira-Americana de Educação das Populações Rurais, cujo objetivo era implantação de projetos educacionais e o desenvolvimento das comunidades rurais. [...] Percebe-se que a presença de organismos estadunidenses orientava a ação, o conteúdo e os propósitos da Educação Rural, sob o signo de desenvolvimento do país. A extensão rural foi um dos caminhos idealizados para a transformação dos trabalhadores do campo brasileiro. Um campo cujo foco era o assistencialismo a uma "população carente".

A origem da educação rural está na base do pensamento latifundiário empresarial, do assistencialismo, do controle político sobre a terra e as pessoas que nela vivem. Souza (2006, p. 54) destaca historicamente a Educação do Campo na legislação educacional,

> Com a LDB 4.024/61, ficou comprovada a marginalidade da Educação do Campo, uma vez que foi delegada aos municípios a estruturação da escola fundamental rural. [...] É no momento ditatorial, em meio a turbulências político-militares, que Paulo Freire desenvolve a Educação popular, focando a preocupação com processos de conscientização. No campo da política educacional é criado o Mobral (Movimento Brasileiro de alfabetização). [...]
>
> Com a Lei 5.692/71 e a preocupação com o desenvolvimento socioeconômico do país, o analfabetismo tornou a ser focalizado, tendo sido criados projetos especiais como o Edurural, na década de 1980. [...] Com a LDB 9394/96, há uma desvinculação da escola rural com a escola urbana, com destaque no artigo 28, para as adaptações necessárias à sua adequação às peculiaridades da vida rural e de cada região.

Esse tipo de educação escolar, com formação técnica, para uma parte dos jovens camponeses, não cumpriu o papel de protagonizar as categorias camponesas, não tomava como ponto de partida a realidade concreta dos povos do campo e nem tinha esse objetivo. Enquanto a Educação do Campo vem sendo criada pelos movimentos sociais do campo, a educação rural é resultado de um projeto criado para a população do campo. Nessa construção, os grupos sociais tentam enfraquecer o objetivo da educação rural, que tem como referência o produtivismo, destacando o campo como espaço de produção de mercadorias e não como espaço de vida.

Segundo Caldart (2004, p. 25, grifo da autora),

> Um dos traços que vem desenhando a identidade da Educação do Campo é a luta do povo do campo por políticas públicas que garantam o seu direito à educação e a uma educação que seja no e do campo. **No:** o povo tem direito de ser educado no lugar onde vive; **Do:** o povo tem direito a uma educação pensada desde o seu lugar e com a sua participação, vinculada a sua cultura e às suas necessidades humanas e sociais.

Assim, a luta do MST foi galgando para além da luta pela terra, englobando mudanças gerais na sociedade e a educação foi concebida como uma porta para consolidação dessas mudanças. É impossível praticar uma Educação do Campo fora da realidade específica. A preocupação com a educação nos acampamentos e assentamentos surge no processo de luta pela terra, com o MST. A busca era por uma educação diferente da existente naquele período. Segundo o relato da educadora Maria Zelinda Gusson[18] (2010, grifo nosso),

> [...] a pergunta todo dia no quadro era: **Que tipo de educação eu quero para o meu filho?** Então quer dizer que ela iniciou antes de iniciar o assentamento, antes

---

[18] Maria Zelinda Gusson, nascida em 25/11/1941, no município de Castelo-ES, com formação no magistério, educadora durante 20 anos em escolas localizadas no campo, o que a possibilitou acompanhar a educação realizada nas primeiras escolas de acampamentos e assentamentos, bem como participar das primeiras discussões. Atuou 23 anos no Setor Estadual de Educação do MST. No período de realização desta pesquisa exercia a função na rede de Educação Cidadã. Essas informações foram concedidas na entrevista realizada em outubro de 2010.

> de iniciar o acampamento. Porque, quando a gente ia, agora menos, mas, quando ia para o acampamento, já ia com o professor junto, já continuava a aula lá. Podia ser aonde for, eu mesmo já trabalhei debaixo do pé de manga.

As famílias Sem Terra, professores e lideranças do movimento começaram a realizar mobilizações pelo direito à própria escola nos acampamentos ou nos assentamentos, a partir da década de 1980. Segundo Souza (2006, p. 57),

> O MST vem sendo um dos sujeitos centrais na luta pela Educação do Campo, pensando as áreas de assentamento e acampamentos especialmente. Trata-se de uma proposta que tenta desenvolver uma concepção humanista e crítica da educação, sustentada em teorias da aprendizagem sociocultural.

Em 1987, para organizar a luta por escola e identidade da educação nas escolas dos acampamentos e assentamentos, o MST cria o Setor Estadual de Educação do MST no estado do Espírito Santo como uma forma de discutir, socializar e trazer integração pedagógica ao trabalho realizado nas escolas. Nessa caminhada, o entrevistado Santos (2010) relembra:

> Então as famílias que levantaram a preocupação naquele período fez com que o Movimento desse a atenção ou percebesse que a educação era tão importante quanto a terra, que a terra por si só não ia libertar o povo e que a educação seria, talvez, a responsável por proporcionar ou provocar esse debate na sociedade, que a partir daí então veio junto até outros setores, mas a educação ela veio, ao chegar as famílias no acampamento ela surge a preocupação da escola. Tanto é que a escola começa sem nenhuma estrutura de espaço físico. Qualquer árvore, um pequeno espaço com quadro, papelão, cartolina, se tornou um espaço de alfabetização (SANTOS, 2010).

A escola passou a ser vista como uma questão também política, sendo reconhecida como parte fundamental de luta pela Reforma Agrária, vinculada às preocupações gerais do Movimento na formação de seus sujeitos.

No início, as famílias sem-terra[19] acreditavam que a luta por escola era apenas mais uma luta por seus direitos, certamente negados por estarem na posição de Sem Terra. Logo, percebeu-se que se tratava de algo mais complexo. Primeiro, porque havia muitas outras famílias trabalhadoras do campo e da cidade que também não tinham acesso a esse direito. E, segundo, perceberam que só teriam espaço na escola se a ocupassem, transformando-a para proporcionar uma educação concreta e que valorizasse a realidade dos Sem Terrinha.

A partir dessa conjuntura que o MST incluiu em suas ações a discussão de uma proposta diferente de escola, uma escola pela qual vale a pena lutar. Da luta pela terra à luta pelo direito de ter uma escola no assentamento, que fosse diferente, mas que diferencial seria esse?

> Se o assentamento propõe algo diferente, a escola tem que ser diferente, que venha dar sustentabilidade a essa proposta. Então é uma pergunta a princípio simples, mas com aprofundamento aí interessante né, porque, talvez isso propôs ao Movimento Sem Terra a pensar uma pedagogia que diferenciasse das escolas existentes naquele período. Primeiro porque os camponeses tinham pouquíssimo acesso à escola e isso então era uma possibilidade de as pessoas estudarem (SANTOS, 2010).

O diferencial estava na associação de fatores importantes e determinantes para garantir uma educação dentro da realidade dos assentados e assentadas, que podemos destacar além da luta por escola, a luta por uma educação que trabalhasse dentro da realidade das crianças assentadas, bem como a necessidade de um educador/educadora que trabalhasse esse diferencial e precisava ser um assentado ou acampado que tivesse um pouco mais de estudo. Santos (2010) relembra como foi o início dessa educação:

---

[19] O fato é que há no Brasil, hoje, um novo sujeito social que participa ativamente da luta de classes, com sua identidade e seu nome próprio: *Sem Terra*. Neste sentido, Sem Terra é mais do que *sem-terra*, exatamente porque é mais do que uma categoria social de trabalhadores que não têm terra; é um nome que revela uma identidade, uma herança trazida e que já pode ser deixada aos seus descendentes, e que tem a ver com uma memória histórica, e uma cultura de luta e de contestação social (CALDART, 2001, p. 211).

> *No sentido histórico, na verdade, começava assim (gaguejou), às vezes identificava uma pessoa do grupo que já fazia parte do acampamento, com um pouco mais de escolaridade e esse então assumia esse papel de educador da escola. Imagino que talvez no início ele repetia aquilo que ele recebeu, os livros que ele teve acesso, as cartilhas e que a escola, ela estava ligada ao educador, às famílias, que estavam nas coordenações do assentamento e estavam também na direção da escola. Então a escola também fazia parte desse coletivo, penso que talvez no início esses elementos é que foram diferenciando a escola. Porque imagino que o educador, sei lá. Conheço até alguns educadores que iniciaram no período do acampamento e que o nível de escolaridade deles eram baixíssimos, então depois é que eles foram aperfeiçoando e tal. Mas aí depois com um tempo começa a constituir então o que era comissão, naquele período chamado então de comissão de educação, um grupo de pessoas então que se sentam para pensar a educação, de como fazer, buscar parcerias, ajudas e cursos* (SANTOS, 2010).

Dessa forma, ao analisar a estrutura da sociedade, Pizetta (1999, p. 223), citando Marx (1970, p. 12), argumenta que

> [...] o modo de produção da vida material condiciona o processo da vida social, política e intelectual em geral. Não é a consciência dos homens que determina seu ser; pelo contrário, seu ser social é que determina a sua consciência.

Assim, o processo educativo no MST emerge na própria prática social e na expressividade das trajetórias de vida.

2.2 A ORGANIZAÇÃO DA EDUCAÇÃO: ENCONTROS E DISCUSSÕES

A Educação do Campo tem se desenvolvido ou efetivado em muitos estados do país por meio de programas, de práticas dialógicas e de coletividade, ou seja, por meio de experiências diversas. Elas têm sido marcas de resistência de um povo em defender seus princípios culturais. Como relata a entrevistada Maia (2010):

> *Quando vai todo mundo para o acampamento, é a primeira fase, entra todo mundo, eles estão querendo o quê? Adquirir a terra né. Aí depois que adquiri, mesmo na época do acampamento, eles passam por várias formações, mas que só no entrar debaixo da lona, ele vai ter uma formação pessoal, trabalha a questão do coletivo, através da cooperação né, vai discutindo essas coisas, mas nós temos vários tipos de pessoas, com vários tipos de educação, tem muita gente que não domina a leitura e a escrita. [...] Então desde o início, desde o primeiro acampamento, mesmo sendo o primeiro assentamento conquistado através da negociação, a gente já começou a discutir a educação, o que os trabalhadores pediam? Discutiam? Uma educação diferente, voltada para a realidade do homem do campo, que tivesse uma direção coletiva, que tivesse um trabalho em equipe. E a partir daquele rascunhozinho que a gente ia discutindo junto com os trabalhadores o que acontece? Dali foi se tirando subsídios para se escrever [...]. Aqui no estado nós tínhamos um coletivo, antes tinha um apoio grande, logo no início tinha umas 30 pessoas, gente sem dinheiro, sem apoio, sem nada, a gente saia, sentava. Não tinha estruturação, não tinha centro de formação, mas a gente sentava. A igreja cedia uma casa, cedia uma sala para a gente discutir né. Então sentava todo mundo e começava a discutir a educação.*

Pela trajetória de lutas e pelo reconhecimento do Movimento dos Trabalhadores Rurais Sem Terra, a Educação do Campo passou a ganhar outro espaço nas escolas de assentamentos e o ponto inicial foi o **1º Seminário Nacional de Educadores de Assentamento**, realizado em julho de 1987, no município de São Mateus, Espírito Santo. Organizado pelo MST, iniciou uma articulação nacional do trabalho que já se desenvolvia de forma espontânea, em vários estados brasileiros. Para esse seminário, compareceram representantes de quatro estados (Espírito Santo, São Paulo, Paraná e Santa Catarina) dos 13 estados convidados. Como relata Santos (2010):

> *[...] o 1º Seminário Nacional, onde se define um pouco o que queremos com as escolas de assentamento. E aí?*

> *Como conduzir? Que pedagogia a ser trabalhada? E aí se tira uma definição a nível nacional, tirando aí os princípios, os objetivos que prevalecem até hoje. Que hoje é aquele livrinho vermelho 'O que queremos com as Escolas de Assentamento' [...].*

Tendo em vista a ausência de representantes da maioria dos estados convidados, o documento final fez uma importante ressalva:

> [...] sabemos que, se a classe dominante usa a escola como um dos principais meios de controle ideológico para manter a ordem atual e sustentar o sistema capitalista e se o Movimento Sem Terra quer contribuir para a transformação dessa realidade, não pode deixar de encarar como fundamental o trabalho de educação e investir com seriedade na formação de professores. Se eles ficarem à margem do processo de luta, continuarão passando os valores e servindo aos interesses da classe dominante. E estaremos dando força ao inimigo, deixando que ele cresça dentro do nosso próprio terreno (MST, 1987, p. 1).

O respectivo Seminário foi planejado considerando as angústias levantadas pelas famílias por uma educação diferenciada nas escolas de assentamentos, estruturado nas seguintes questões: o que queremos com as escolas de assentamentos? E como fazer essa escola que queremos? Além de discutir sobre a necessidade de uma escola própria para as escolas de assentamento, proporcionou a troca de experiências e registros significativos para o início de uma proposta de educação do MST:

> [...] discutiram a implementação de escolas públicas de 1ª a 4ª série e a formação de professores para as escolas de assentamento. [...] A elaboração teórica da proposta de educação no MST, que continua sendo um desafio até hoje, teve por base as questões discutidas nesse encontro. [...] Como resultado o Movimento criou em 1988 o Setor de Educação em vários estados, como resposta às necessidades educacionais em seus diversos assentamentos e acampamentos (MORISSAWA, 2001, p. 240).

Esse Seminário provocou as primeiras discussões sobre o fazer educacional nas escolas de assentamento, envolvendo todos os estados que possuíam assentamento e acampamentos. O próximo evento de caráter nacional demorou dez anos para se realizar. As razões dessa demora não estão, entretanto, esclarecidas.

Em 1997, é organizado o **I Encontro Nacional de Educadores da Reforma Agrária (Enera)**, no campus da Universidade de Brasília (UnB), promovido pelo MST, em parceria com a própria UnB, o Fundo das Nações Unidas para a Infância (Unicef), a Organização das Nações Unidas para educação, Ciência e Cultura (Unesco) e a Conferência Nacional de Bispos do Brasil (CNBB), com tema "Com Escola, Terra e Dignidade":

> *[...] a UNB, que era a Universidade de Brasília, CNBB e Unicef e MST, é. Foi feito, realizado um seminário, foi o 1º Encontro Nacional de Educadores e Educadoras da Reforma Agrária do Brasil, lá tinha mais de [...] 600 educadores e educadoras de todo o Brasil. Que foi feito em Brasília, a partir daí, né, aí que foi uma semana. Aí a partir daí foi a Unicef, mais a Universidade de Brasília que provocou o Movimento a fazer a 1ª Conferência. Aí teve a 1ª Conferência Nacional Por Educação Básica do Campo, entendeu? Aí pegaram esses mesmos segmentos do meio rural que já tinham experiência e ficou mais uma semana. E aí saiu a primeira proposta, foi a Diretriz Nacional por uma Escola Básica do Campo. [...] Se hoje se fala tanto em Educação do Campo, então a raiz da Educação do Campo, o princípio da Educação do Campo, dessa vez agora, foi a partir do Enera* (MAIA, 2010).

O I Enera possibilitou o aprofundamento de discussões teóricas no campo da educação, contribuindo para uma reflexão da *práxis* educativa no MST e lançando novos rumos para a Educação do Campo:

> O encontro transformou-se num espaço de trocas entre os participantes: trocas das diferentes práticas pedagógicas, das tradições culturais específicas de cada região, dos desafios, dos problemas e, acima de

tudo, das esperanças no futuro vindouro, pois se o hoje representa o amanhã, o amanhã será portador da vitória [...] (PIZETTA, 1999, p. 183).

O I Enera mobilizou estudos e pesquisas a respeito das diferentes realidades do campo em seu fazer educacional. Segundo Fernandes e Molina (2004, p. 65),

> [...] as experiências construídas pelos movimentos camponeses e organizações correlatas, especialmente por meio do PRONERA, dimensionaram a ideia e o conceito de Educação do Campo, interagindo com as outras dimensões da vida do campo. [...] No período de 1997 a 2004 aconteceu a espacialização da Educação do Campo através de diversos movimentos e organizações. [...] Nesse processo foram envolvidos outros movimentos camponeses como o Movimento dos Pequenos Agricultores – MPA, o Movimento dos Atingidos por Barragens – MAB, e o Movimento das Mulheres camponesas – MMC.

Em 1998, foi organizada a **I Conferência Nacional Por Uma Educação Básica do Campo**, realizada em Luzilândia-GO, promovida pelo MST, pela CNBB, UnB, Unesco e pelo Unicef, com apoio de diversas entidades. Essa mobilização resultou na implementação do Programa Nacional de Educação na Reforma Agrária (Pronera), vinculado ao Ministério do Desenvolvimento Agrário (MDA), que teve sua origem no contexto do Enera, aprofundado nessa conferência e representa uma parceria estratégica entre o governo federal, as instituições de ensino superior e os movimentos sociais do campo, sendo o MST o parceiro mais presente, tanto na elaboração quanto na execução desse programa educacional (PRONERA. Manual de Operações, 2001).

O Pronera tem a função de ampliar os níveis de escolarização formal dos trabalhadores rurais assentados, contemplando o direito ao ensino desde a Educação Infantil até o Ensino superior, bem como promover a formação de educadores no contexto das diretrizes discutidas na Educação do Campo.

Na I Conferência foi levantada a necessidade de políticas públicas específicas e um projeto educativo próprio para o campo e foram apresentadas denúncias dos graves problemas da Educação do Campo que começam pela falta de escola, de estrutura física, falta de materiais e, principalmente, de um currículo específico.

Em 2004 foi organizada e realizada a **II Conferência Nacional Por Uma Educação do Campo**, em Luziânia-GO, por uma política pública de Educação do Campo, promovida pelas entidades e movimentos sociais: Conferência Nacional dos Bispos do Brasil (CNBB), Movimento dos Trabalhadores Rurais Sem Terra (MST), Fundo das Nações Unidas para a Infância (Unicef), Organização das Nações Unidas para a Educação, Ciência e Cultura (Unesco), Universidade de Brasília (UnB), Confederação Nacional dos Trabalhadores na Agricultura (Contag), União Nacional das Escolas e Famílias Agrícolas do Brasil (Unefab), União Nacional dos Dirigentes Municipais de Educação (UNDIME), Movimento dos Pequenos Agricultores (MPA), Movimento dos Atingidos por Barragens (MAB) e Movimento das Mulheres Camponesas (MMC). Teve como apoio na realização da 2ª Conferência do Ministério do Desenvolvimento Agrário (MDA), Instituto de Colonização e Reforma Agrária (Incra), Programa Nacional de Educação na Reforma Agrária (Pronera), Núcleo de Estudos Agrários e Desenvolvimento Rural (Nead), Ministério da Educação (MEC), Federação dos Estudantes de Agronomia do Brasil (Feab), Confederação Nacional dos Trabalhadores em Educação (CNTE), Sindicato Nacional dos Servidores das Escolas Federais (Sinasefe), Associação Nacional dos Docentes de Ensino Superior (Andes), Comissão de Educação e Cultura da Câmara dos Deputados, Frente Parlamentar dos Centros Familiares de Formação por Alternância (Ceffas), Secretaria de Aquicultura e Pesca (AP/PR), Ministério do Trabalho e Emprego (MTE), Ministério do Meio Ambiente (MMA), Ministério da Cultura (MinC), Associação dos Geógrafos Brasileiros (AGB), Conselho Nacional de Secretários de Educação (Consed), Centro de Estatísticas Religiosas e Investigações Sociais (Ceris) e Federação dos Trabalhadores da Agricultura Familiar (Fetraf).

A II Conferência Nacional Por Uma Educação do Campo mostrou à sociedade brasileira e aos governantes o crescimento da discussão por educação e, principalmente, a consciência dos povos do campo como sujeitos de direitos, bem como a exigência de que esses direitos sejam garantidos na esfera pública, com políticas públicas. O aumento do número de entidades participantes desse encontro demonstra o alcance e a importância da discussão da Educação do Campo.

A semente foi lançada no Primeiro Encontro Nacional de Professores de Assentamento, em julho de 1987, no município de São Mateus, que traçou caminhos para uma ampla discussão sobre a Educação do Campo que vai além dos acampados e assentados *"[...] hoje se discute isso não só no meio dos assentamentos, mas todo meio rural. Aí, nessa discussão, entram MPA, MST, as pessoas assentadas, quilombolas"* (MAIA, 2010).

2.2.1 A organização da educação no estado do Espírito Santo

Para fortalecer a luta por uma Educação própria para o campo no estado do Espírito Santo, algumas ações foram desenvolvidas, como a oficialização do Comitê Estadual de Educação do Campo no Espírito Santo, por meio de um Seminário Estadual realizado em 2008, com tema "Educação Escolar do Campo". O Comitê de Educação do Campo é uma organização composta por movimentos sociais que tratam da luta pela garantia da Educação do Campo junto a representantes do poder público. É um espaço permanente de articulação, deliberação e construção coletiva da Educação do Campo entre os movimentos sociais, entidades civis e o poder público para o fortalecimento da Educação do Campo.

Nesse contexto, iniciou-se, em 18 de janeiro de 2011, no município de São Mateus, o encontro de alguns movimentos sociais locais (MST, MPA, Quilombolas, Colônia de Pescadores) e entidades ligadas à educação e ao campo (Sindicato dos Trabalhadores Rurais, Secretaria Municipal de Educação, Diocese, Pastoral Social, Conselho Municipal de Educação, Conselho do Direito da Criança e do Adolescente, Superintendência Regional de Educação de São Mateus, Comissão de Educação da Câmara de Vereadores, Escola Família Agrícola de Nestor Gomes) para a consolidação do Grupo de Trabalho em Educação do Campo no Município, com objetivo de realizar ações para a oficialização do Comitê Municipal de Educação do Campo em São Mateus, que terá a função de elaborar políticas públicas dentro da realidade da Educação do Campo no município. Maia (2010) reforça que

> *Agora existe essa luta, hoje existem outras discussões [...] para se criar políticas públicas para se respeitar a identidade, que se faça valer a lei. A nível de município, rapaz, é um horror né? Cada Secretário faz o que quer, não respeita nada, o prefeito é quem manda. Se a comunidade estiver bem-organizada aí o bicho pega né. É uma forma de pressionar, de se cumprir a lei, mas se a comunidade estiver desorganizada, acaba fazendo o que quer. Por isso que precisa se organizar, precisa se discutir [...].*

Dentro dos diversos debates, a luta específica é por uma educação de qualidade no campo, com profissionais capacitados e com escolas funcionando no contexto da realidade do homem e da mulher do campo. Não se pode deixar de lado a identidade de um povo que lutou e luta por direitos. Pelo acesso a terra, mas também pelo acesso a uma educação pública e de qualidade social, voltada a seus interesses:

> *Acho que a escola, de uma pergunta que as famílias fizeram e a participação dela, acho que proporcionou ter essa escola, com essa pedagogia diferente, com esse olhar diferente para a educação, para as crianças, para o trabalho, para a terra, para os valores, é, enfim, de um grupo de pessoas que, talvez, possa-se usar o termo perdido, que não tinha para onde ir, abandonado pelo sistema, excluído de tudo, mas que provoca uma nova pedagogia aqui no Espírito Santo, sendo referência até a nível nacional (Pausa)* (SANTOS, 2010).

Diante disso, a pedagogia diferente a partir do questionamento das famílias assentadas representa a busca por uma escola que valorize os povos do campo, suas vivências no território conquistado e a oferta do ensino de qualidade. O ensino de qualidade inclui um conjunto de requisitos estruturais, pedagógico e administrativos, mas para além disso, o ensino de boa qualidade é aquele que possibilita a superação dos interesses individualistas e imediatistas, que contribui para a compreensão das relações que os homens constituem entre si e a natureza, que possibilita a percepção de que o sujeito humano é autor de sua história e de seu futuro (PIZETTA,1999).

2.3 DAS DISCUSSÕES À LEGISLAÇÃO

Os diversos encontros, congressos e conferências marcaram a diversidade existente na Educação do Campo e pautaram a importância das políticas públicas voltadas para educação dos filhos dos trabalhadores e das trabalhadoras do campo. De acordo com Souza (2006, p. 58):

> Emerge um conjunto de iniciativas que impulsiona a inserção da Educação do Campo na agenda política. Surgem parcerias, experiências educativas e mudança paradigmática no cenário político-econômico-social, tendo como sujeitos centrais os trabalhadores rurais (aspectos culturais e identitários) e a necessidade do desenvolvimento de conhecimentos educacionais críticos cujos autores são os próprios protagonistas.

Percebemos que a Educação do Campo ganhou espaço nas discussões envolvendo os diversos movimentos sociais, isso se torna perceptível nos organizadores da 2ª Conferência Nacional por uma Educação do Campo. Nesse cenário, diversas instituições e entidades participaram desse evento, bem como representantes do estado que não poderiam ficar fora dessa discussão que ganhou espaço nacional.

De forma genérica, a Constituição da República Federativa do Brasil de 1988, no capítulo II, artigo 6º, define quais são os direitos sociais:

> Art. 6º São direitos sociais a educação, a saúde, a alimentação, o trabalho, a moradia, o lazer, a segurança, a previdência social, a proteção à maternidade e à infância, a assistência aos desamparados, na forma desta Constituição.

A Lei de Diretrizes e Bases da Educação Nacional (LDB) 9394/96 considera a especificidade da Educação do Campo no fazer educacional, resguardando a organização da escola para atender às reais necessidades dos estudantes campesinos:

> Art. 28. Na oferta de educação básica para a população rural, os sistemas de ensino promoverão as adaptações necessárias à sua adequação às peculiaridades da vida rural e de cada região, especialmente:
>
> I - conteúdos curriculares e metodologias apropriadas às reais necessidades e interesses dos alunos da zona rural;
>
> II - organização escolar própria, incluindo adequação do calendário escolar às fases do ciclo agrícola e às condições climáticas;
>
> III - adequação à natureza do trabalho na zona rural.

Tomando como referência a Constituição Brasileira e a LDB 9394/96, é possível perceber a garantia do direito à educação e à possibilidade de modificações curriculares e metodológicas nas escolas do campo. Podem ser consideradas apenas adequações, mas que significam um passo inicial para a educação em construção pelos movimentos sociais. Com as discussões em pauta tornou-se necessário garantir direitos em uma legislação específica para a Educação do Campo, levando em conta a identidade e a diversidade das populações em território campesino.

A aprovação das Diretrizes Operacionais para a Educação Básica das Escolas do Campo, por meio da Resolução CNE/CEB 1/2002, publicada no Diário Oficial da União em 9/4/2002, representa um ponto de partida na construção de um Brasil que possui uma identidade no campo, um campo que possui vida, em que as pessoas podem morar, trabalhar, estudar com dignidade de quem tem o seu lugar, a sua identidade cultural e onde a escola é espaço essencial para o desenvolvimento humano. E uma mostra desse triunfo está no Parágrafo Único do Artigo 2º:

> A identidade da escola do campo é definida pela sua vinculação às questões inerentes à sua realidade, ancorando-se na temporalidade e saberes próprios dos estudantes, na memória coletiva que sinaliza futuros, na rede de ciência e tecnologia disponível na sociedade e nos movimentos sociais em defesa de projetos que associem as soluções exigidas por essas questões à qualidade social da vida coletiva no país.

É importante destacar a elaboração das Diretrizes Operacionais no contexto da ação dos movimentos sociais ligados ao campo, que, durante a década de 1990, estiveram reivindicando uma escola diferente para os assentados, bem como estruturando propostas e iniciativas vinculadas à realidade do campo.

Agora, a luta é pelo cumprimento dessas Diretrizes, que acabam sendo utilizadas de formas diferenciadas pelos estados e municípios. Assim, ressaltamos ainda os artigos 6º e 7º:

> Art. 6º O Poder Público, no cumprimento das suas responsabilidades com o atendimento escolar e à luz da diretriz legal do regime de colaboração entre a União, os Estados, o Distrito Federal e os Municípios, proporcionará Educação Infantil e Ensino Fundamental nas comunidades rurais, inclusive para aqueles que não o concluíram na idade prevista, cabendo em especial aos Estados garantir as condições necessárias para o acesso ao Ensino Médio e à Educação Profissional de Nível Técnico.
>
> Art. 7º É de responsabilidade dos respectivos sistemas de ensino, através de seus órgãos normativos, regulamentar as estratégias específicas de atendimento escolar do campo e a flexibilização da organização do calendário escolar, salvaguardando, nos diversos espaços pedagógicos e tempos de aprendizagem, os princípios da política de igualdade.

Destacamos, ainda, a Resolução n.º 4, de 13 de julho de 2010, que define Diretrizes Curriculares Nacionais Gerais para a Educação Básica, em que a Educação do Campo é incluída como modalidade da Educação Básica:

> Art. 27. A cada etapa da Educação Básica pode corresponder uma ou mais das modalidades de ensino: Educação de Jovens e Adultos, Educação Especial, Educação Profissional e Tecnológica, Educação do Campo, Educação Escolar Indígena e Educação a Distância.

No parágrafo único da seção IV, essa resolução reconhece a existência de metodologias próprias à realidade campesina, como a Pedagogia da Alternância e a Pedagogia da Terra:

> Parágrafo único. Formas de organização e metodologias pertinentes à realidade do campo devem ter acolhidas, como a pedagogia da terra, pela qual se busca um trabalho pedagógico fundamentado no princípio da sustentabilidade, para assegurar a preservação da vida das futuras gerações, e a pedagogia da alternância, na qual o estudante participa, concomitante e alternadamente, de dois ambientes/situações de aprendizagem: o escolar e o laboral, supondo parceria educativa, em que ambas as partes são corresponsáveis pelo aprendizado e pela formação do estudante.

Ao destacar essas leis, percebemos que o povo do campo está conquistando seu espaço nas legislações como uma forma de resguardar o fazer educacional do território campesino, mas a luta não se encerra nas aprovações dessas normativas. A luta para que essas leis ganhem espaço nas políticas públicas locais vem mostrando-se necessária, visto que estados e municípios cumprem a legislação à medida que interesses políticos estejam em evidência ou sobre pressão popular.

Essa é a realidade no espaço educacional, prova disso são os projetos direcionados para a educação sem participação dos principais envolvidos: comunidade, educandos e educadores. Os projetos chegam às escolas com duração específica dentro do mandato do governo do momento. Acabou o mandato, acabam-se os projetos e outros chegam a partir da troca política e assim sucessivamente.

O vínculo da Educação do Campo é — ou deveria ser — com os trabalhadores e trabalhadoras do campo: sem-terra, sem-trabalho, com aqueles dispostos a reagir, a lutar, a se organizar contra a ausência de direitos ou direitos negligenciados.

Caldart (2009, p. 41) afirma que, "talvez, esta seja a marca mais incômoda da Educação do campo (inclusive para certas ortodoxias de esquerda) e sua grande novidade histórica: os sujeitos que põe em cena como construtores de uma política de educação e de uma reflexão pedagógica".

2.4 PRINCÍPIOS FILOSÓFICOS E METODOLÓGICOS DA EDUCAÇÃO DO CAMPO EM ESCOLAS DE ASSENTAMENTO DO MST

No processo de ocupação da escola, o MST foi introduzindo o que, historicamente, formou o sujeito Sem Terra. O princípio educativo do MST é o próprio movimento. Ser Sem Terra hoje é bem mais do que ser um trabalhador que não possui terra, ou mesmo lutar por ela. Sem Terra representa uma identidade historicamente criada, como vimos. Nesse sentido, a Educação defendida pelo MST é entendida como um espaço que se assume como político, que, vinculada aos processos sociais, proporciona a transformação da sociedade atual e a construção de uma nova ordem de justiça social e de valores humanistas.

Podemos afirmar que a proposta educativa do MST se baseia na prática dos Sem-Terra, ligadas à vida do trabalho no e do campo. Assim, destacamos os princípios filosóficos levantados durante os debates por uma educação diferenciada no Caderno de Educação n.º 8 (MST, 1996), como especificado:

> **1. Educação para a transformação social.** Esse é o horizonte que define o caráter da educação do MST: um processo pedagógico que se assume como político, isto é, que se vincula organicamente com os processos sociais que visam à transformação da sociedade atual e a construção, desde já, de uma ordem social cujos pilares principais sejam a justiça social, democracia e os valores humanistas e socialistas.
>
> **2. Educação para o trabalho e cooperação.** Nesse princípio se destaca a relação necessária que a educação e a escola devem ter com os desafios do seu tempo histórico; a cooperação como elemento estratégico para uma educação que busca a construção de novas relações sociais, para a incorporação criativa das lições da história da organização coletiva do trabalho.
>
> **3. Educação voltada para as várias dimensões da pessoa humana.** O que se busca com esse princípio é a educação omnilateral, na qual se destacam as dimensões: organizativa, a formação político-ideológica, a técnico-profissional, formação do caráter e dos valores, cultura e estética e a formação afetiva. Opõe-se a uma educação unilateral, que se preocupa só com um lado ou dimensão da pessoa, ou só com um lado de cada vez; só o intelecto, ou só as habilidades manuais, ou só os aspectos morais, ou só os políticos.
>
> **4. Educação com/para valores humanistas.** São considerados valores humanistas e socialistas aqueles valores que colocam no centro do processo de transformação a pessoa humana e sua liberdade, mas não como indivíduo isolado e sim como ser de relações sociais que visem à produção e à apropriação coletiva dos bens materiais e espirituais da humanidade, à

justiça na distribuição desses bens e a igualdade da participação de todos nesse processo.

5. Educação como processo permanente de formação e transformação humana. Ao confiar no ser humano e em sua capacidade de transformação, a educação no MST é contínua e constante durante toda a vida.

Os princípios filosóficos da Educação do MST procuram desenvolver, associados com os princípios pedagógicos, um trabalho voltado à superação da alienação, por meio da construção de conhecimentos a partir da ação e reflexão, do local para o global. A formação política faz parte da agenda dos educadores e educadoras de escolas de assentamentos, e é reconhecida como essencial para o educador/educadora superar o viés capitalista e reprodutivista, em que a escola se encontra submersa, desde o livro didático à organização dos/das estudantes nas salas de aulas e da conduta à prática dos educadores/educadoras.

2.4.1 Entre os princípios filosóficos e os metodológicos

Na estruturação dos princípios da educação do MST, podemos identificar elementos como: a experiência dos sujeitos que estão/estavam diretamente envolvidos com o trabalho de educação nos assentamentos e acampamentos; o próprio Movimento, por meio de seus objetivos, princípios e aprendizados coletivos; e elementos de teorias pedagógicas presentes na prática de alguns profissionais da educação.

Ao reivindicar uma luta por escola diferenciada para o campo, o MST preocupa-se com a associação entre educação e trabalho, ressaltando a necessidade de valores cooperativos entre as crianças, jovens e adultos. Como destaca Pistrak (2005, p. 50):

> O trabalho é um elemento integrante da relação da escola com a realidade atual, e neste nível há fusão completa entre ensino e educação. Não se trata de estabelecer uma relação mecânica entre o trabalho

e a ciência, mas de torná-los duas partes orgânicas da vida escolar, isto é, da vida social das crianças.

Nesse contexto de discussão pedagógica, que abre espaço para refletir sobre a dimensão educativa associada ao trabalho:

> [...] a reflexão sobre a dimensão educativa das práticas produtivas, e *do trabalho como princípio educativo*, a que mais especificamente contribui até o momento para a compreensão da pedagogia das práticas sociais, pelo menos desde os esforços teóricos vinculados a projetos políticos de transformação social. Quando Gramsci, inspirado por Marx, insistiu tanto não apenas no trabalho, mas no **trabalho industrial como princípio educativo** (Manacorda, 1990, Nosella, 1991), tornou também histórico este novo sujeito educativo, reforçando o lugar das relações sociais nos processos de formação humana. Por sua vez, quando pedagogos, como Makarenko (1977, 1978, 1987) ou Pistrak (1981), construíram uma proposta de escola onde o trabalho e as práticas produtivas ocupam lugar central, abriram também a possibilidade de maior diálogo entre as reflexões sobre educação que acontecem desde lugares e de preocupações pedagógicas diferentes (CALDART, 2000, p. 201, grifo da autora).

Diante da procura por uma educação própria para o campo, a Pedagogia da Alternância[20] foi considerada apropriada por buscar a formação educacional associada com o trabalho, fortalecendo a relação comunidade e escola, em tempos e espaços pedagógicos alternados, com sentido e significado ao processo formativo dos povos campesinos. Santos (2010) relata:

> *Uma referência que o MST teve na educação também no início é que tínhamos aqui a experiência das Escolas Famílias, ligadas ao Mepes (Movimento de Educação*

---

[20] Metodologia utilizada pelas Escolas Famílias Agrícolas (EFAs), Casas Familiares Rurais, Escolas Comunitárias Rurais, cujo princípio educativo e a aprendizagem são organizados em função do trabalho, permitindo períodos de formação na escola, que se alternam com períodos no meio familiar.

> *Promocional do Espírito Santo)²¹ e que o sistema de alternância, que já estava em funcionamento, tinha uma pedagogia diferenciada das escolas tradicionais, isso fez com que buscássemos então nessa pedagogia elementos que pudessem juntar aos anseios que as famílias queriam então nos assentamentos e que, ou seja, a Escola Família foi uma referência no início então para as escolas de assentamentos, [...].*
>
> *Já tinha uma experiência até já colhida de outros países e que existia um bom tempo, já tinha o seu diferencial, já era mais voltada essa questão do campo, da agricultura e que, então era a referência que as famílias aqui tinham né. Então tinha que ser alguma coisa aí parecida em torno disso, próximo disso. Então a EFA (Escola Família Agrícola) acabou sendo uma referência para as escolas de assentamentos.*

Nesse cenário, o MST identifica no trabalho realizado pelas Escolas Famílias Agrícolas, com a Pedagogia da Alternância, por ser uma experiência educacional que valoriza as questões agrícolas e saberes das famílias campesinas. Assim, o Parecer CNE/CEB N°1/2006 aprovado pelo Conselho Nacional de Educação trata sobre os dias letivos para o desenvolvimento da Pedagogia de Alternância nos Centros Familiares de Formação por Alternância (Ceffa)²² e ressalta que:

> Essa alternativa de atendimento à população escolar do campo surgiu na década de 1930, na França, nas Casas Familiares Rurais, estendendo-se na Europa pela Bélgica e a Espanha, na África pelo Senegal e na América Latina pela Argentina, Brasil, Chile, Guatemala, México, Nicarágua, Paraguai [...].
>
> No Brasil, a denominada Pedagogia da Alternância foi introduzida, em 1969, no Espírito Santo – Movimento de Educação Promocional do Espírito Santo /

---

[21] As Escolas Famílias Agrícolas ligadas ao Mepes são instituições filantrópicas que oferecem as séries finais do ensino fundamental e em algumas regiões, até ensino médio.

[22] CEFFA é toda unidade escolar que trabalha com a metodologia da Pedagogia da Alternância.

MEPES[23] – a partir de Anchieta, encontrando rápida expansão com a orientação dos Padres Jesuítas. Nesse estado e em mais quinze Unidades da Federação Brasileira a alternância mais efetiva é a que associa meios de vida socioprofissional e escolar em uma unidade de tempos formativos. Tais são as *Escolas Famílias Agrícolas (EFA)*. A expansão dos Centros Familiares e Formação por Alternância alcançou estados brasileiros do Norte, Nordeste, Sudeste, Sul e Centro-Oeste, sendo possível identificar oito formas de organização, algumas das quais não oferecem educação escolar.

As primeiras Escolas Famílias Agrícolas (EFA) são criadas no ano de 1969: a EFA de Olivânia, a EFA de Alfredo Chaves, e a EFA Rio Novo do Sul. Em 1970, inicia a expansão das EFAs para o norte do Espírito Santo com criação gradativa dessa forma escolar nos municípios de São Mateus, Barra de São Francisco e São Gabriel da Palha (BEGNAMI, 2003).

Pelo interior do Brasil, os Centros Familiares de Formação em Alternância (Ceffas) se expandiram guardando algumas semelhanças com o modelo capixaba e hoje formam um movimento federativo de escolas rurais agrupadas em várias regionais. O público atendido pelos Ceffas são, majoritariamente, adolescentes, jovens e adultos filhos e filhas de agricultores e agricultoras familiares, pesqueiros, agroextrativistas, trabalhadores rurais assalariados em geral, remanescentes de quilombos, indígenas, assentados de reforma agrária,

---

[23] O Movimento de Educação Promocional do Espírito Santo (Mepes) é uma Instituição Filantrópica, fundada em 1968 pelo Pe. Humberto Pietrogrande, cuja sede está localizada em Anchieta-ES, seu objetivo é a promoção integral da pessoa humana, promovendo e desenvolvendo a cultura por meio da Ação Comunitária em uma ampla atividade relacionada com os interesses da agricultura e principalmente no que concerne à elevação social do agricultor, desde o ponto de vista religioso, intelectual, sanitário, técnico, econômico e ambiental. O Mepes interage com diversas instituições públicas e privadas, englobando os municípios e estados do Brasil, também internacionalmente, mantendo convênios de cooperação técnica e financeira. No caso específico das EFAs, o Governo do Estado do Espírito Santo financia a contratação de profissionais para atuar nessas escolas e em alguns casos os municípios atuam na manutenção do funcionamento do espaço e as famílias que recebem os serviços educacionais das EFAs contribuem com um valor financeiro para o estudo dos filhos. No Censo Escolar essas instituições entram como particulares.

meeiros e arrendatários (COMITÊ ESTADUAL DE EDUCAÇÃO DO CAMPO DO ESPÍRITO SANTO, 2008, p. 37).

Segundo a União Nacional das Escolas Família Agrícola do Brasil (Unefab), a expansão mais expressiva das instituições em Alternância rural deu-se nos últimos 20 anos, especialmente ao longo da década de 1990.

O Espírito Santo, berço das instituições educativas em Alternância, apresenta um quadro complexo por ser o estado que concentra um panorama diverso de instituições pedagógicas em Alternância no meio rural. Aproveitando a experiência das Escolas Famílias Agrícolas (EFAs) ligadas ao Mepes, foram sendo criadas, gradativamente, pelos Governos Públicos, políticas públicas de apoio à metodologia da alternância em algumas escolas do campo, mediante insistente luta de lideranças campesinas por uma educação diferenciada no campo:

- Escolas em Alternância nos Assentamentos de 5ª a 8ª séries;
- Escolas Comunitárias Rurais;
- Escolas Municipais de Alternância;
- Projovem Campo — Saberes da Terra.

Percebemos que a prática educativa idealizada e construída pelo MST supera os métodos utilizados na Pedagogia da Alternância, sendo uma prática fortalecida e construída dentro dos princípios e trajetória do MST, com fundamentos que valorizam o ser humano e o colocam como ser em construção e, principalmente, que participam dessa construção.

Nesse contexto, Paulo Freire é a referência para as experiências prático-teórica, como afirma Caldart (2000, p. 228, grifo da autora), para quem o

> [...] processo pedagógico pode ser compreendido como o jeito através do qual o Movimento realiza historicamente, e enquanto coletividade, aquilo que em Paulo Freire aparece como princípio educativo

> fundamental, ou seja, a ***reflexão da ação*** que permite ao oprimido encontrar-se consigo mesmo e descobrindo-se como oprimido engajar-se na luta pela sua libertação. [...] Não se trata de considerar a reflexão como sendo revolucionária em si mesma, mas, sim, de chamar a atenção de como a ação e a reflexão deve constituir uma mesma unidade [...].

A Pedagogia da Alternância projeta um ser sujeito de transformação e não um objeto do sistema. Esse sujeito analisa a realidade buscando transformá-la e recriá-la, não simplesmente copiando ou a reproduzindo.

Nesse cenário, a grande dificuldade encontrada para trabalhar uma educação apropriada nas escolas públicas localizadas no campo está em relação ao poder público, que tem resistência em implantar extensivamente uma educação própria que valorize as especificidades do campo.

A resistência pelo poder público acontece pelo fato de, na maioria dos casos, não reconhecer o campo dentro de suas especificidades (indígenas, quilombolas, pescadores, ribeirinhos, camponeses e outros) e considera que investir em uma modalidade educacional específica demanda ônus aos cofres públicos com: contratação de profissionais habilitados para atuarem dentro da realidade das escolas do campo, formação continuada e específica para educadores/educadoras, assessoria pedagógica apropriada para essas escolas, estrutura com condições para as atividades práticas no campo, alimentação dentro da realidade dessas escolas e transporte para os estudantes permanecerem no campo.

No entanto, essa educação diferenciada ao campo é um direito previsto na legislação, mas o seu cumprimento fica a cargo dos governos públicos, que podem cumpri-la ou não, visto que a legislação educacional não estabelece prazos e nem punição para os que não a efetivarem. Assim, percebemos a necessidade dos movimentos sociais se unirem e realizarem mobilizações para terem a efetivação de seus direitos, que não bastam apenas estarem amparados em uma legislação ou em propostas isoladas e de curta duração.

As escolas de assentamento que não possuem a parceria do poder público para implementação da Pedagogia da Alternância, ainda assim não deixam de praticá-la por reconhecerem que instrumentos dessa metodologia extrai da realidade concreta dos estudantes, elementos significativos que motivam a relação ensino e aprendizagem. No entanto, não conseguem realizá-la fielmente devido às interferências do sistema educativo, no que diz respeito ao currículo, ao calendário e a outras burocracias do ensino regular.

Nesse contexto, abrimos um recorte para o movimento realizado em São Mateus-ES pela implementação de um projeto pedagógico em escolas da rede municipal que busca valorizar os saberes dos povos campesinos, com oferta do tempo integral por meio da Pedagogia da Alternância. Esse movimento teve início em 2001 e envolveu representações do MST, MPA, a EFA — Nestor Gomes (km 41), famílias, educadores/as, estudantes e lideranças comunitárias da região.

Em 2009, o parecer positivo do Conselho Municipal de Educação de São Mateus-ES (CME/SM) quanto à implementação Proposta Pedagógica em Alternância em escolas campesinas[24], impulsiona ações de concretização da Educação do Campo na rede municipal de São Mateus-ES.

Nessa conjuntura, em 2011, foi estruturado o Grupo de Trabalho da Educação do Campo de São Mateus composto pelos movimentos sociais, entidades religiosas, órgãos públicos e civis, que preconiza a necessidade de:

> Art. 1º - Promover discussões voltadas para a Educação do Campo, dentro das diversas categorias representativas, garantindo as mobilizações *"in locu"* para a oficialização do Comitê de Educação do Campo no Município de São Mateus, bem como a posterior estruturação de uma proposta de **políticas**

---

[24] Somente em 2010 a Pedagogia da Alternância começa a funcionar por meio da criação da Escola Comunitária Municipal Região de Córrego Seco, com o funcionamento em um espaço improvisado em fevereiro/2010; em agosto/2010, a EMEIEF Assentamento Zumbi dos Palmares inicia o tempo integral com as turmas do 6º ao 9º anos, consolidando assim os elementos da alternância.

públicas voltadas para a Educação do Campo no município de São Mateus (GRUPO MUNICIPAL DE TRABALHO DE EDUCAÇÃO DO CAMPO DE SÃO MATEUS. Diretivas Internas, 2011, grifo nosso).

A partir do momento em que o Grupo de Trabalho destaca políticas públicas para a Educação do Campo, engloba a necessidade de um enfoque em tudo que envolve essa modalidade na rede municipal de São Mateus-ES:

- Construção de políticas públicas para as escolas do campo que reconheçam uma metodologia própria para o campo dentro de suas especificidades, abrangendo as Etapas da Educação Básica: Educação Infantil, as Séries Iniciais e Finais do Ensino Fundamental e Ensino Médio;

- Formação de profissionais habilitados para atuar nas escolas do campo, considerando as especificidades existentes: assentado, quilombola, indígena, pescadores e outras realidades;

- Reconhecimento oficial do diferencial das escolas de localizadas no campo dentro de suas especificidades, pelos órgãos governamentais;

- Contratação específica de profissionais que possuem formação específica para atuar nas escolas do campo, atendendo a diversidade existente no campo (GRUPO MUNICIPAL DE TRABALHO DE EDUCAÇÃO DO CAMPO DE SÃO MATEUS, 2011).

O Grupo de Trabalho da Educação do Campo de São Mateus em parceria com a Secretaria Municipal de Educação, realizou o 1º Seminário da Educação do Campo de São Mateus, com tema "São Mateus: unidos pela Educação do Campo", com o objetivo principal de formalizar o Comitê Municipal de Educação do Campo de São Mateus, bem como a posterior estruturação de uma proposta de políticas públicas voltadas para a Educação do Campo no município de São Mateus.

O 1º Seminário da Educação do Campo de São Mateus aconteceu no dia 27 de agosto de 2011, no auditório do Ceunes/Ufes, esse momento envolveu educadores, estudantes, agricultores, quilombolas, pescadores, diversas lideranças religiosas, os movimentos sociais, as instituições de ensino superior do município, autoridades municipais, entre outras representações.

O Comitê de Educação do Campo de São Mateus, formalizado em 2011, representa a voz da comunidade campesina[25] por ser um espaço que acolhe todas as representações do território mateense e as diversas instituições, entidades e organizações que discutem e contribuem com a pauta da Educação do Campo no município.

Abrimos esse recorte sobre a experiência de São Mateus para evidenciar que as legislações nacionais são imprescindíveis para a implementação da Educação do Campo, porém a efetivação, na maioria dos casos, começa a partir da luta da comunidade que, coletivamente, se organiza e se posiciona em busca da efetivação dos direitos pela Educação do Campo.

De forma incipiente, a luta do MST na educação acontece pelo direito à Escola e por um Projeto Pedagógico que valorize os saberes construídos, historicamente, pelo povo assentado. O MST mistura e transforma diferentes componentes educativos, produzindo uma síntese educativa que não é igual em nenhuma pedagogia, exatamente porque a sua referência de sentido está no próprio Movimento (CALDART, 2000). Assim, a contratação de educadores para atuar

---

[25] Composição do Comitê de Educação do Campo de São Mateus-ES em 2011: I. Da Secretaria Municipal de Educação (SME); II. Da Ceunes — Universidade Federal do Espírito Santo (Ufes), III. Do Sindicato dos Trabalhadores Rurais (STR); IV. Do Movimento dos Pequenos Agricultores (MPA); V. Do Movimento dos Trabalhadores Rurais Sem Terra (MST); VI. Do Movimento dos Quilombolas; VII. Da Comissão de Educação do Campo de Nestor Gomes; VIII. Do Conselho Municipal de Educação (CME); IX. Da Superintendência Regional de Educação (SRE); X. Da Colônia de Pescadores; XI. Da Diocese de São Mateus; XII. Do Conselho do Direito da Criança e do Adolescente; XIII. Do Conselho Tutelar; XIV. Do Instituto de Defesa Agropecuária e Florestal (Idaf); XV. Do Instituto Capixaba de Pesquisa, Assistência Técnica e Extensão Rural (Incaper); XVI. Da Comissão de Educação da Câmara de Vereadores — São Mateus; XVII. Das instituições particulares de Educação Superior; XVIII. Das Escolas municipais, estaduais e filantrópicas em Alternância; XIX. Do Conselho de Alimentação Escolar (CAE); XX. Da Rede das Associações dos Centros Familiares de Formação por Alternância do Espírito Santo (RACEFFAES).

em escolas de assentamento remete à necessidade de incluir como critério a vivência do/a docente nesse território. Segundo a entrevistada Maia (2010),

> [..] mas precisava ter alguns critérios para trabalhar nas escolas de assentamentos, porque querendo ou não é uma comunidade diferente, muito diferente. Agora é claro que tem assentamento né, que é muito pior do que uma escola de comunidade rural né, que não tinha nenhuma organização. Porque ninguém vai impedir, ninguém vai impor, as pessoas que têm que se conscientizar se quer escola, se quer entrar dentro do projeto. Então não é nada forçado, nem encabeçado, mas é uma coisa de uma construção, do coletivo, de entendimento, de formação de uma consciência crítica [...].

Percebe-se que a prática não tem sido fácil para os educadores/educadoras das escolas de assentamento, são muitas as dúvidas, existindo mesmo, divergências entre as posturas assumidas por um assentamento e outro. Aos poucos, os educadores/educadoras começam a perceber que o "diferente" precisa ser aprofundado, e que o grande desafio é a construção de uma nova estratégia educativa e de uma nova concepção de ensino e de aprendizagem, coerente com os objetivos das escolas de assentamento do MST-ES.

2.4.2 Formação de educadores para atuar nas escolas de assentamentos

Os dados do Incp (2006)[26] revelam o descaso com a formação dos educadores que atuam nas escolas do campo em nosso país,

> A proporção de professores leigos, embora tenha declinado, de 2002 a 2005, de 8,3% para 3,4%, ainda é elevada, já que 6.913 funções docentes são exercidas por professores com até o ensino fundamental

---

[26] Contudo, houve um gradativo investimento na formação profissional como apontam as informações do Censo da Educação Básica 2019, que verifica um aumento de 32,9% para 41,3% de professores com pós-graduação de 2015 a 2019. No segundo, observa-se uma evolução similar, com o percentual de docentes com formação continuada saindo de 31,4%, em 2015, para 38,3%, em 2019 (INEP, 2019, p. 59).

e apenas 21,6% dos docentes das séries iniciais do ensino fundamental cursaram nível superior.

Nas séries finais do ensino fundamental, o percentual de docentes com apenas o ensino médio corresponde a 46,7% e, com formação superior, 53,1%. Já no ensino médio, 11,3% do professorado está atuando no mesmo nível de sua formação (BRASIL, Inep/MEC, 2006).

É preciso considerar que o campo é um dos espaços que mais concentra pessoas que não tiveram acesso à escolarização[27]. Estima-se que mais de 30% da população não sabe ler e escrever. Esse panorama demonstra a situação emergencial do campo brasileiro, associado à necessidade de uma qualificação específica para os educadores/ educadoras do campo.

> Entendemos que cabe aos Gestores Públicos, junto com os educadores (as) e movimentos sociais traçar diretrizes para se construir uma educação apropriada aos interesses dos camponeses, é fundamental ainda investirmos na construção de uma identidade própria para os educadores (as) das escolas do campo, concebê-los enquanto sujeitos comprometidos com sua comunidade e essenciais para o fortalecimento da luta no campo (COMITÊ ESTADUAL DE EDUCAÇÃO DO CAMPO DO ESPÍRITO SANTO, 2008, p. 56).

Como vimos, as famílias Sem Terra apresentavam uma preocupação com a educação de seus filhos, e foi isso que iniciou o trabalho com a educação nos assentamentos: "a circunstância que pressionou fortemente o início do trabalho do MST com educação escolar foi a iniciativa de mães e professoras em levar adiante esta preocupação que aparecia nas famílias sem-terra" (CALDART, 2000, p. 148).

---

[27] A PNAD 2015 apontou taxa de analfabetismo de 9% para o conjunto dos brasileiros acima de 10 anos. Considerando a PNAD 2001, houve visível progresso, visto que em 2001 a taxa foi de 14,6%. Entretanto, enquanto na população urbana a taxa caiu quase pela metade, de 13,3% a 7% para o mesmo período, na população rural a redução foi em menor proporção, de 30% para 20%. Entre as regiões, o Nordeste possui a maior taxa no comparativo entre urbano e rural, 27% (PEREIRA; CASTRO, 2021, p. 26).

Entretanto, um dos problemas enfrentados era com relação ao professorado. O professor que chega a um assentamento oriundo de uma cultura urbana enfrenta o desafio de apreender as relações que se passam no espaço do assentamento ou a acomodação diante dos desafios impostos pela realidade desconhecida. Quando se afirma que a prática acontece no cotidiano das escolas de assentamentos, pontuamos que muitos professores estão empenhados na criação de atividades pedagógicas vinculadas ao contexto vivido pelos/pelas estudantes. Para isso, o professor enfrenta os obstáculos enraizados em sua formação pedagógica, tendo em vista que o currículo desenvolvido nos cursos de formação de professores, em sua maioria, privilegia o contexto de formações desvinculadas da realidade campesina. De acordo com Maia (2011),

> Porque antes tinha a seguinte ideia de que os assentados só queriam gente, pessoas que passasse por debaixo da lona para dar aula. Quer dizer, depois a gente evoluiu, porque pessoas não precisa só passar, porque tinha gente que passava por aquele processo da lona, mas não tinha é (pausa) o perfil do educador. A gente fazia formação, mas o trabalho ficava a desejar. Passamos a trabalhar de forma diferente, fazer a formação política pedagógica.

Nessa conjuntura, que em 1989, por meio do Centro Integrado de Desenvolvimento dos Assentados e Pequenos Agricultores do Estado do Espírito Santo (Cidap), foi firmada a primeira parceria com a Universidade Federal do Espírito Santo (Ufes), com a oferta de cursos de extensão nas áreas de Pedagogia, Administração e Agronomia. Em julho de 1995, iniciou o Curso de Magistério em nível Médio (antigo 2º Grau) no Cidap e antes do encerramento desse Curso, o Setor Estadual de Educação MST-ES forjou, em parceria com a Ufes, a criação do Curso de Pedagogia da Terra em 1999, possibilitando, dessa maneira, a continuação da formação dos educadores/educadoras de assentamentos no Espírito Santo.

Assim, foram ofertadas 64 vagas do Curso de Licenciatura Plena em Pedagogia para Educadores da Reforma Agrária MST-ES, no Polo Universitário de São Mateus-ES, a 200 Km distante de Vitória, ao norte do Espírito Santo, por meio do Convênio nº 2001/1999, publicado no Diário Oficial da União (DOU), em 8/11/1999. A Segunda Turma, com 60 estudantes, foi conquistada pelo Movimento, com oferta pela Universidade Federal do Espírito Santo (Ufes), a partir da renovação do Convênio (n.º 11.000/2002), com publicação no DOU em 26/12/2002. Posto isso, Maia (2010) ressalta que a

> [...] Ufes ajudou a gente muito nos cursos de capacitação, aqui nesse Centro mesmo, no Cidap, Cidap é nessa estrutura, isso era um galpão e a gente fazia encontro aqui já (pausa). Por volta de 89, 90 começou a ainda aí, o quadro de professor começou a mudar. A gente se preocupava mesmo, pessoas é que não tinha da área, não tinha uma habilitação né [...].

A formação em Pedagogia da Terra foi estruturada para atender às escolas de assentamento, dentro do diferencial apontado pelo MST. Nesse contexto Zen, destaca:

> [...] o convênio do PRONERA/UFES/MST no sentido de ofertar o Curso de Pedagogia da Terra (Licenciatura em Pedagogia para Educadores e Educadoras da Reforma Agrária) aos professores dos acampamentos e assentamentos rurais. O Curso Pedagogia da Terra/ES vem atender a uma demanda de assegurar profissionais com formação e titulação adequados às características e aos desafios da realidade do campo, para atuarem na escolarização da educação [...]. A qualificação de educadores traz o sentido de suprir uma deficiência histórica no meio rural, possibilitando o acesso ao ensino superior aos jovens do campo (ZEN, 2006, p. 98).

A Pedagogia da Terra foi planejada para atender a uma demanda formativa de profissionais considerando as características e os desafios da realidade do campo:

> A *Pedagogia da Terra* é um curso de graduação do MST em conjunto com o Departamento de Pedagogia da UFES e são ministradas turmas regulares inseridas na universidade. Neste sentido

fica claro que para uma ***Educação do Campo*** não há espaços garantidos nas instituições já estabelecidas cujas bases do conhecimento estão voltadas para a perspectiva do urbano e do processo de urbanização. Assim é preciso um processo reivindicatório para que se criem "políticas especiais" para atender casos tratados como 'especiais' (COMITÊ ESTADUAL DE EDUCAÇÃO DO CAMPO DO ESPÍRITO SANTO, 2008, p. 47, grifo nosso).

Segundo os entrevistados, a Ufes foi fundamental para a capacitação dos educadores/educadoras, mas as escolas de assentamentos continuam carentes de profissionais habilitados que se comprometam com a realidade das escolas de assentamentos e nas demais escolas do campo, mesmo porque o curso Pedagogia da Terra não continuou em funcionamento. Assim, com foco na formação de educadores dentro das especificidades do campo, o Comitê Estadual de Educação do Campo do Espírito Santo propõe:

1. Garantir a formação específica de educadores (as) do campo, pelas universidades públicas, pelo poder público com os movimentos sociais;
2. Definição do perfil profissional do educador (a) do campo;
3. Incentivos profissionais e concurso diferenciado para educadores (as) que trabalham nas escolas do campo;
4. Garantir o piso salarial profissional e de plano de carreira para os educadores (as) do campo;
5. Formação inicial e continuada que tenha por base a realidade do campo e Projeto Político Pedagógico da Educação do Campo;
6. Criação de polos de informática ligados à internet para ampliar as possibilidades de pesquisa e de formação dos educadores (as) e educandos (as) (COMITÊ ESTADUAL DE EDUCAÇÃO DO CAMPO DO ESPÍRITO SANTO, 2008, p. 56).

O Setor Estadual de Educação do MST tem a preocupação de manter os educadores/educadoras das escolas de assentamento em constante formação política, com abrangência e profundidade correspondente à luta pela Reforma agrária, de maneira que o/a educador/a atue na perspectiva de um/a militante capaz de realizar transformações concretas por meio do modelo educacional apropriado para o campo.

2.5 ESCOLAS DE ASSENTAMENTOS: REALIDADES DO NORTE DO ESTADO DO ESPÍRITO SANTO

Desde a sua formalização, o Setor Estadual de Educação do MST articulou de todas as formas para que as escolas de Assentamento fossem reconhecidas dentro de seu contexto próprio. Assim, em 1992, foi aprovado pelo Conselho Estadual de Educação do Espírito Santo (CEE), por meio da Resolução n.º 56/92, publicada no Diário Oficial de 7/12/1992, o projeto da "Escola Popular de 1ª a 8ª série dos Assentamentos Rurais do Estado do Espírito Santo". Nesse mesmo ano, as escolas do estado passaram por um processo de Municipalização, o que incluiria as escolas de assentamento vinculadas à rede estadual.

Em discussão no MST, inicialmente, a possibilidade de municipalização foi considerada um processo interessante pelo fato de as escolas ficarem mais próximas do órgão público. Contudo, por outro lado, o MST também entendia que essa aproximação não seria fácil devido à forte prática coronelista, ainda presente, em várias administrações municipais do norte do estado. Outro ponto analisado foi que, ao aceitar a municipalização das escolas de assentamento, era aceitar a fragmentação do trabalho, pois, em cada município, as escolas poderiam ter um tratamento diferente.

Embora a oferta da educação infantil aconteça vinculada à rede municipal, atualmente existe um número reduzido de escolas de assentamento pertencentes aos municípios. Vale pesquisar o motivo de esse número reduzido pertencer à rede municipal e conhecer se essas escolas possuem uma política pública que as reconheçam como escolas de assentamento em seu fazer educacional diferenciado.

Destacamos, na tabela seguinte, a relação das escolas de assentamentos do norte do estado do Espírito Santo, vinculadas à administração estadual.

TRABALHADORES EM MOVIMENTO: O MST E A EDUCAÇÃO DO CAMPO NO NORTE DO ESPÍRITO SANTO

TABELA 2 – QUADRO COM NÚMERO DE EDUCANDOS DO ENSINO FUNDAMENTAL / EJA/ EDUCAÇÃO INFANTIL/ PROJOVEM CAMPO, TURMAS E EDUCADORES DAS ESCOLAS DE ASSENTAMENTO - 05/2011

| Polo | Escola | N.º DE ESTUDANTES | | | | | EJA | | | N.º DE ESTUDANTES | | | | | | | | N.º de turmas | N.º de Educ. | Total de Educandos |
		5ª	6ª	7ª	8ª	1º Seg.	2º Seg.	Projovem	1º	1ª	2º	2ª	3º	3ª	4ª	Ed. Infantil			
01	EEUEF São Benedito	-	-	-	-	-	-	-	01	-	2	1	-	1	5	-	01	1	10
01	EEEF Assentamento União	10	11	15	10	-	-	-	07	-	08	02	12	07	07	21	08	9	110
02	EEEF Córrego do Cedro	11	18	10	08	08	-	-	9	-	10	11	4	8	12	32	10	10	141
02	EEEF Valdicio Barbosa dos Santos	14	11	5	7	20	-	-	6	-	8	8	12	15	8	16	10	11	130
03	EEEF Três de Maio*	22	14	20	17	-	-	21	14	-	19	4	6	15	12	24	11	11	188

Grupo	Escola																		Total
04	EEEF 27 de Outubro	13	10	10	12	-	-	-	7	-	10	-	4	13	9	16	8	10	**104**
04	EEPEF Vale da Vitória	-	-	-	-	-	-	-	10	-	13	5	10	17	8	12	4	4	**75**
05	EEUEF Padre Ezequiel	-	-	-	-	-	-	-	1	-	2	4	-	3	7	-	2	2	**17**
05	EEEF Treze de Setembro**	14	21	13	19	-	-	11	11	-	3	-	5	10	8	18	7	12	**133**
06	EEEF Margem do Itauninhas	10	12	5	10	-	-	-	2	-	4	-	6	3	4	12	7	10	**68**
06	EEUEF Bela Vista	-	-	-	-	-	-	-	3	-	3	-	11	9	8	12	3	4	**46**
06	EEUEF Rosangela Leite Alves	-	-	-	-	-	-	-	6	-	6	-	5	7	10	11	3	4	**45**
06	EEUEF Francisco Domingos Ramos	-	-	-	-	-	-	-	-	-	2	-	4	-	2	-	1	2	**08**

TRABALHADORES EM MOVIMENTO: O MST E A EDUCAÇÃO DO CAMPO
NO NORTE DO ESPÍRITO SANTO

	EEPEF Maria Olinda de Menezes	EEEF Saturnino Ribeiro Santos	EEPEF Paulo Freire	EEUEF Octaviano R. de Carvalho	EEEF Padre Josimo	EEPEF José Antônio da Silva Onofre	EEUEF Fazenda Jacutinga	EEUEF Assentamento Ouro Verde
	52	73	65	23	08	36	17	12
	4	10	5	2	1	3	2	1
	3	5	4	2	1	3	2	1
	22	23	21	-	-	16	-	-
	8	3	3	5	1	9	2	2
	5	2	9	3	3	4	3	1
07	4	4	4	3	-	5	5	4
	-	-	-	-	-	3	1	-
	6	8	10	6	4	11	2	1
	-	-	-	-	-	-	-	-
	7	8	18	6	-	7	2	3
	-	-	-	-	-	-	-	-
	-	17	-	-	-	-	-	-
08	-	08	-	-	-	-	-	-
	-	-	-	-	-	-	-	-
	-	-	-	-	-	-	-	-
	-	-	-	-	-	-	-	-

09	EEPEF Paulo Damião Tristão Purinha	-	-	-	-	-	-	-	2	7	5	7	9	-	2	3	34
	EEPEF Maria Julita	-	-	-	-	-	-	-	7	1	2	4	-	1	2	14	
	EEUEF Olga Benário	-	-	-	-	-	-	-	-	2	1	-	-	1	2	03	
	EEUEF Madre Cristina	-	-	-	2	-	-	-	1	-	-	1	5	-	1	2	09	
	Total	94	97	78	83	36	17	32	134	-	140	54	116	149	151	256***	101	127****	1.437

Fonte: SRE/São Mateus/2011

* Esta escola funciona como Escola Suporte de 02 turmas do Projovem Campo: Turma Castro Alves e Turma Comunidades Quilombolas de Conceição da Barra (EMEF Deolinda Lage).

** Esta escola funciona como Escola Suporte de uma turma do Projovem Campo: Turma EMEF Palmitinho.

*** A oferta da Educação Infantil nos municípios acontece pela rede municipal de ensino.

**** N.º total de educadores 115, sendo que 12 educadores atuam em mais de uma escola. Resumo: N.º Educandos: 1º ao 3º ano e 3ª e 4ª séries: 744 / 5ª a 8ª séries: 352 / Educação Infantil: 256 / EJA: 85.

No norte do estado do Espírito Santo, possuímos apenas duas escolas mantidas pelo poder público municipal com oferta do ensino fundamental, uma localizada no município de Mucurici e outra, no município de São Mateus.

A Escola Municipal Pluridocente de Ensino Fundamental (EMPEF) "Verino Sossai"[28], localizada no assentamento Córrego da Laje, município de Mucurici-ES, atende à comunidade no matutino, com 68 alunos, matriculados nos anos iniciais do ensino fundamental e educação infantil.

A Escola Municipal de Educação Infantil e Ensino Fundamental (EMEIEF) "Assentamento Zumbi dos Palmares"[29], localizada no Assentamento Zumbi dos Palmares, município de São Mateus-ES, foi criada em 2002, a partir do Decreto Municipal Nº 816/2002 de 24/4/2002, no governo do Prefeito Lauriano Marco Zancanella, é fruto da conquista das famílias do assentamento. Atualmente, atende à aproximadamente 200 estudantes frequentando da educação infantil, anos iniciais e finais do ensino fundamental.

A Pedagogia da Alternância foi reconhecida para ser trabalhada nos anos finais do ensino fundamental na EMEIEF Assentamento Zumbi dos Palmares em 2009, por meio do Parecer nº 09/2009 do Conselho Municipal de Educação de São Mateus, com início somente no dia 19 de julho de 2010.

A década de 1990 foi marcada por inúmeras discussões sobre a Educação do Campo e a garantia dessa modalidade na legislação, mas, agora, a luta continua em garantir a efetivação dessa legislação nas políticas públicas dos estados e municípios. Além da luta pelo direito a uma educação específica que valorize os povos do campo, existe a mobilização pelo direito à Educação no Campo em que, muitas vezes, é tirado pelo fechamento de escolas:

> *Fechar a Escola é construir o êxodo rural! É tirar nossas raízes... Tiram nossas condições de sobrevivência, mas somos nós que produzimos o sustento deles.*

---

[28] Fonte: Secretaria Municipal de Educação de Mucurici-ES/2011.
[29] Fonte: EMEIEF Zumbi dos Palmares, São Mateus-ES/2011.

> *Existe um caso de uma criança de 11 anos que ficou tetraplégica num acidente ao descer do transporte escolar há cinco anos, em frente à escola para onde querem levar as crianças daqui...*
>
> *Não vamos matricular as crianças em outra escola* (ROSIMERE P. FREITAS, 21 anos — Moradora na Comunidade[30]).

A garantia de políticas públicas representa o viés central para resguardar todos os campos da Educação do Campo. Nessa direção, percebemos que as políticas públicas direcionadas à essa modalidade educacional iniciam, na maioria dos casos, a partir do momento em que a comunidade se posiciona na defesa dessa escola campesina.

---

[30] Fechamento da "Escola Estadual de Ensino Fundamental Palhal". N.º de Alunos em dezembro de 2009: 28 Alunos. Município de Linhares-ES, 12 de fevereiro de 2010.

CONSIDERAÇÕES FINAIS

Este trabalho, portanto, procurou contribuir para rememorar a gênese e a organização do Movimento dos Trabalhadores Rurais Sem Terra (MST) no Espírito Santo, retratando seu início no município de São Mateus e os principais atores envolvidos, bem como a educação realizada nos acampamentos e assentamentos, e como essa se organizou local e nacionalmente, suas relações com outros sistemas educacionais e com os pressupostos do próprio movimento. Nesse sentido, os entrevistados neste trabalho foram autores imprescindíveis e contribuíram para o alcance de tais propósitos.

Com esse propósito foi possível perceber que a questão agrária foi, e ainda é, como vimos, premente no Brasil desde a colonização. A expropriação foi a marca do processo civilizatório em que índios, quilombolas e posseiros perdiam suas terras e, com ela, sua forma de sobrevivência de acordo com o avanço da fronteira agrícola. A partir dos anos de 1950, esse processo se acentua com a crescente industrialização promovida pelo desenvolvimentismo, que atinge também o campo. A expulsão do homem do campo de suas terras se torna constante.

Nesse mesmo período, surgem as primeiras organizações camponesas que colocam a reforma agrária como norte, reprimidas pela ditadura militar iniciada em 1964. Sendo assim, o Movimento dos Trabalhadores Rurais Sem Terra iniciou sua caminhada de luta nacionalmente na década de 1980, retomando a questão agrária e lutando contra o descaso ao homem do campo, expresso na atuação do estado em favor da instalação de empresas multinacionais.

As mobilizações iniciaram e a cada dia reuniam diversas pessoas na mesma situação: desempregados, sem-terra, diaristas, meeiros, líderes comunitários e outros. Essa mobilização provocou a renovação dos Sindicatos dos Trabalhadores Rurais, que apoiou o movimento e a criação da Comissão Pastoral da Terra no Estado, também a participação da Diocese de São Mateus.

O MST, desde a sua gênese, denunciou a grave situação vivida pelo povo brasileiro no campo, e as consequências sociais e humanas de um modelo de desenvolvimento baseado na exclusão e na miséria da maioria. Passou, então, a ser estruturado nacionalmente em diversos estados do Brasil, ganhando capilaridade no norte do Espírito Santo, a partir de 1985, oficializado por meio da primeira ocupação de terra na Fazenda Georgina, localizada no Distrito de Nestor Gomes — Km 41, interior do município de São Mateus.

Diante desse fato histórico, o Movimento passou a discutir ações de abrangência nacional, com a participação dos diversos sujeitos campesinos na luta pela terra, organizados em uma estrutura de base que tem início nos assentamentos e acampamentos, constituindo, assim, as estâncias de representação, espaços políticos que traçam as linhas gerais de atuação do Movimento (MORISSAWA, 2001). Para essa estrutura, o MST seleciona, dentre os seus representantes locais, aqueles que participam nas Regionais, dentre os quais são escolhidos os representantes estaduais e, finalmente, aqueles que participam nas instâncias nacionais.

A estruturação do Movimento se constituiu entre avanços e desafios, mas manteve-se muito forte devido à participação dos sujeitos coletivos de base em seus processos organizativos e de luta. Porém, com o crescimento do Movimento a reação não tarda a se organizar. Diante disso, a União Democrática Ruralista (UDR) é fundada com objetivo de frear o movimento, atacando para esse fim a Igreja e as entidades que apoiavam os Sem Terras.

O Movimento passou, então, por vários conflitos, perseguições e aconteceram diversas mortes, culminando no afastamento do apoio do Bispo da Diocese de São Mateus e alguns líderes dos Sindicatos dos Trabalhadores Rurais do norte do Estado. Esses conflitos enfraqueceram temporariamente as ações de luta, mas o Movimento soube se reorganizar a partir dos sujeitos coletivos de base e passou a caminhar sem o apoio das referidas organizações.

Até o início de 2011, o MST assentou 2.806 famílias de diferentes contextos e histórias, que, agora, possuem um pedaço da "Terra Prometida" em 26 municípios do Espírito Santo: Águia Branca, Apiacá, Aracruz, Bom Jesus do Norte, Conceição da Barra, Ecoporanga, Fundão, Guaçuí, Itaguaçu, Cachoeiro de Itapemirim, Jaguaré, Linhares, Mantenópolis, Mimoso do Sul, Montanha, Mucurici, Muqui, Nova Venécia, Pancas, Pedro Canário, Pinheiros, Ponto Belo, Presidente Kennedy, Santa Teresa, São Gabriel da Palha e São Mateus.

Podemos afirmar que isso foi uma grande conquista, assim como o surgimento nacionalmente de outros movimentos que também desencadearam a luta pela terra com bandeira própria. Esses avanços e retrocessos, apoios e "abandonos", oposições e repressões, enfim, esse movimento marcou de forma decisiva o MST e a construção de sua organização e de seus ideais.

Compreendemos que o MST apresentou, ao longo de sua trajetória, uma preocupação que superou a luta pela terra, levantando sua bandeira no que se refere ao direito à igualdade e respeito a todos/todas, sem distinção. O Movimento passa a conceber a educação como uma força na construção e valorização de identidades e coletividades, em que os sujeitos vão construindo valores, modos de vida, memórias, uma cultura própria de sua constituição e luta.

Percebemos que os caminhos trilhados para uma Educação do Campo se construíram historicamente, concomitantemente à organização e à definição do próprio Movimento. Para tanto, a construção da Educação do Campo é parte dessa luta.

Essa *práxis* em construção pelo Movimento reflete no fazer educacional, ou seja, uma *práxis* que repercute na formação humana e se consolida pela trajetória do próprio MST. Nesse diálogo, Caldart (2000, grifo da autora) evidencia que "nas escolas onde estão as professoras Sem Terra é comum, diante de alguma dúvida sobre como conduzir determinada prática, que a pergunta seja: *e no Movimento, como se faz?*". Posto isso, reforçamos que o princípio educativo na escola de assentamento é o próprio Movimento.

O Movimento reconheceu a Pedagogia da Alternância como apropriada para o camponês. Essa Pedagogia associada aos princípios discutidos pelo MST permite a valorização cultural e identidade desse sujeito, contribuindo para sua formação integral em seu território.

A partir das primeiras discussões levantadas pelo MST, a luta por uma educação no e do campo teve o apoio de outros movimentos sociais, sendo marcada nacionalmente na década de 1990 e por meio da oficialização de legislações que passam a reconhecer as especificidades da Educação do Campo.

Várias entidades, instituições e diversos movimentos sociais do Brasil participaram das discussões pela Educação No e Do campo no I Enera (1997) e nas Conferências (1998 e 2004), o que possibilitou a mobilização e a efetivação de parceiros em defesa da Educação do Campo nos diversos estados. Exemplo disso foi a contribuição da Ufes na oferta da Licenciatura em Pedagogia da Terra no município de São Mateus-ES a partir de 1999.

No entanto, o fazer educacional no contexto da Educação do Campo fica comprometido quando os mantenedores — no caso do estado e de diversas prefeituras — não reconhecem as especificidades das escolas do campo e se isentam de investir na infraestrutura, no administrativo e no pedagógico. Outro ponto se refere à inconstância do apoio das entidades no avanço dessa modalidade de ensino, como no caso da descontinuidade da oferta do curso de Pedagogia da Terra.

O movimento articulado em âmbito nacional por uma Educação No e Do campo construiu um legado de conquistas na legislação, de envolvimento dos diversos parceiros e de amplitude na discussão coletiva por um Projeto que respeita os saberes campesinos dos territórios. Diante disso, a entrevistada Maia (2010) destaca que a discussão sobre a Educação do Campo vai além dos acampados e assentados *"[...] hoje se discute isso não só no meio dos assentamentos, mas todo meio rural. Aí, nessa discussão, entram MPA, MST, as pessoas assentadas, quilombolas"* (MAIA, 2010). Assim, todo esse movimento, com todos esses sujeitos, representa a formalização da Educação do Campo na pauta nacional.

REFERÊNCIAS

ARANHA, Maria Lúcia de Arruda; MARTINS, Maria Helena Pires. **Filosofando**: Introdução à Filosofia. São Paulo: Ed. Moderna, 1993.

BRASIL. Lei n.º 9.394/96. **Diretrizes e Bases da Educação Nacional**. Brasília: MEC, 1996.

BRASIL. [Constituição (1988)]. **Constituição Federativa do Brasil**. Ed. Atual. em 1999. Brasília: Senado Federal, Subsecretaria de Edições Técnicas, 1999.

BRASIL. Ministério da Educação. Conselho Nacional de Educação. Parecer CNE/CEB n.º 1/2006. **Dias Letivos para aplicação da Pedagogia de Alternância nos Centros Familiares de Formação por Alternância (CEFFA)**. Brasília: MEC/CNE, 2003.

BRASIL. Ministério da Educação. Instituto Nacional de Estudos e Pesquisas Educacionais Anísio Teixeira. **Panorama da Educação do Campo**. Brasília: Inep/MEC, 2006.

BRASIL. Ministério da Educação. **Diretrizes Curriculares Nacionais Gerais para a Educação Básica**. Resolução CNE/CEB n.º 4. Brasília: MEC/CNE, 2003.

BEGNAMI, João Batista. **Formação pedagógica de monitores das escolas famílias agrícolas e alternâncias**: um estudo intensivo dos processos formativos de cinco monitores. Dissertação (Mestrado Internacional em Ciências da Educação) – Universidade Nova de Lisboa/Universidade François Rabelais/UNEFAB. Brasília, 2003.

CALDART, Roseli Salete. **Pedagogia do Movimento Sem Terra**: Escola é mais do que escola. Petrópolis: Vozes, 2000.

CALDART, Roseli Salete. O MST e a formação dos Sem Terra: o Movimento como princípio educativo. **Estudos Avançados**, USP/São Paulo, v. 15, n. 43, 2001. Dossiê Desenvolvimento Rural, p. 207-224.

CALDART, Roseli Salete Elementos para a construção do Projeto Político e Pedagógico da Educação do Campo. *In*: MOLINA, Monica Castagna; JESUS, Sonia Meire Santos Azevedo de (org.). **Contribuições para a construção de um Projeto de Educação do Campo**. Brasília: Articulação Nacional, 2004. p. 10-31.

CALDART, Roseli Salete. Educação do Campo: notas para uma análise de percurso. **Trab. educ. saúde (Online)**, Rio de Janeiro, v. 7, n. 1, p. 35-64, mar./jun. 2009.

COMITÊ ESTADUAL DE EDUCAÇÃO DO CAMPO DO ESPÍRITO SANTO. **O campo da Educação do Campo**: "Educação do Campo é um direito e não esmola". Espírito Santo: Documento do Seminário, 2008.

CONSELHO ESTADUAL DE EDUCAÇÃO DO ESPÍRITO SANTO – CEE. Projeto da Escola Popular de 1ª a 8ª série dos Assentamentos Rurais do Estado do Espírito Santo. Resolução n.º 56/92. **Diário Oficial**, Vitória, dez. 1992.

CONSELHO MUNICIPAL DE EDUCAÇÃO DE SÃO MATEUS. **Regularização do funcionamento das Escolas Comunitárias Rurais no município de São Mateus**. Parecer n.º 09/2009, de 15/12/2009.

CONSELHO NACIONAL DE EDUCAÇÃO – CNE. Diretrizes Operacionais para a Educação Básica das Escolas do Campo. Resolução CNE/CEB 1/2002. **Diário Oficial da União**, 9/4/2002.

DADALTO, Maria Cristina. Universidade do Estado do Rio de Janeiro. **Relacionamento interétnico e memória**: narrativas de colonizadores do norte do Espírito Santo. Dimensões, Vitória, v. 18, 2006.

DEAN, Warren. **Rio Claro**: Um sistema brasileiro de grande lavoura 1820-1920. Rio de Janeiro: Paz e Terra, 1977.

DIAS, Luzimar Nogueira. **Massacre em Ecoporanga**: Lutas Camponesas no Espírito Santo. Vitória: Cooperativa dos Jornalistas do Espírito Santo, 1984.

FERNANDES, Bernardo Mançano. **A formação do MST no Brasil**. Petrópolis: Vozes, 2000.

GERNA, Dom Aldo. **Depoimento**. [Entrevista cedida a] Ozana Luzia Galvão Baldotto. São Mateus-ES, jan. 2011.

GOMES, Helder. **Potencial e limites às políticas regionais de desenvolvimento no Estado do Espírito Santo**: o apego às formas tradicionais de intermediação de interesses. 1998. Dissertação (Mestrado em Política Social) – Ufes, Vitória, 1998.

GRUPO MUNICIPAL DE TRABALHO DE EDUCAÇÃO DO CAMPO DE SÃO MATEUS. **Diretivas Internas**, 2011.

GUSSON, Maria Zelinda. **Depoimento**. [Entrevista cedida a] Ozana Luzia Galvão Baldotto. São Mateus-ES, out. 2010.

INCRA/CIDAP/UFES. Convênio n.º 11.000/2002. **D.O.U.**, 26/12/2002.

INCRA/CIDAP/UFES. Convênio n.º 2001/1999. **D.O.U.**, 8/11/1999.

INEP. **Censo da Educação Básica 2019**: resumo técnico. Brasília: Inep/MEC, 2020. Disponível em: https://download.inep.gov.br/publicacoes/institucionais/estatisticas_e_indicadores/resumo_tecnico_censo_da_educacao_basica_2019.pdf. Acesso em: 30 jul. 2023.

LINHARES, Maria Yedda Leite; SILVA, Francisco Carlos Teixeira da. **Terra prometida**: uma história da questão agrária no Brasil. Rio de Janeiro: Campus, 1999.

MAIA, Magnólia de Souza. **Magnólia de Souza Maia**: depoimento [agosto. 2010]. Entrevistadora: Ozana Luzia Galvão Baldotto. São Mateus-ES, 2010.

MANACORDA, Mário Alighiero. **História da educação**: da antiguidade aos nossos dias. São Paulo: Cortez, 1999.

MARRÉ, João. **Depoimento**. [Entrevista cedida a] Ozana Luzia Galvão Baldotto. São Mateus-ES, jan. 2011.

MEIHY, José Carlos Sebe Bom; HOLANDA, Fabíola. **História Oral**: como fazer, como pensar. 2 ed. São Paulo: Contexto, 2010.

MELLO, João Manuel Cardoso; NOVAIS, Fernando Antonio. Capitalismo tardio e sociabilidade moderna. *In*: NOVAIS, F. A. **História da vida privada no Brasil**. São Paulo: Companhia das Letras, 1999, p. 560-657.

MORISSAWA, Mitsue. **A história da luta pela terra e o MST**. São Paulo: Expressão Popular, 2001.

MST. **Documento do I Seminário Nacional de Educação em Assentamentos**. São Mateus: Mimeog, 1987.

MST. **Os princípios da educação no MST**. Caderno de Educação n.º 8. São Paulo, 1996.

PEREIRA, Caroline Nascimento; CASTRO, César Nunes de. **Educação no meio rural**: diferenciais entre o rural e o urbano. Brasília: IPEA. Disponível em: https://repositorio.ipea.gov.br/bitstream/11058/10501/1/td_2632.pdf. Acesso em: 30 jul. 2023.

PISTRAK. **Fundamentos da escola do trabalho**. São Paulo: Expressão Popular, 2005.

PIZETTA, Adelar João. **Formação e práxis dos professores de escolas de assentamentos**: a experiência do MST no Espírito Santo. 1999. Dissertação (Mestrado em Educação) – Ufes, Espírito Santo, 1999.

PRONERA. **Programa Nacional de Educação da Reforma Agrária**: manual de operações. Brasília: Incra/Pronera, 2001.

SANTOS, Valdinar dos. **Depoimento**. [Entrevista cedida a] Ozana Luzia Galvão Baldotto. São Mateus-ES, out. 2010.

SIQUEIRA, Maria da Penha Smarzaro. **Industrialização e empobrecimento urbano**: o caso da Grande Vitória, 1950-1980. Vitória: Edufes, 2001.

SOUZA, Ademilson Pereira; PIZETTA, Adelar João; GOMESA, Helder; CASALI, Derli. **A reforma agrária e o MST no Espírito Santo**: 20 anos de lutas, sonhos e conquista de dignidade! Vitória: Secretaria Estadual do Movimento Sem Terra, 2005.

SOUZA, Ademilson Pereira; PIZETTA, Adelar João. Entre luta, esperança e utopia: a caminhada do MST no ES no período de 1984 a 2005. *In*: SOUZA, Ademilson Pereira; PIZETTA, Adelar João; GOMESA, Helder; CASALI, Derli. **A reforma agrária e o MST no Espírito Santo**: 20 anos de lutas, sonhos e conquista de dignidade! Vitória: Secretaria Estadual do Movimento Sem Terra, 2005. p. 73-132.

SOUZA, Maria Antonia de. **Educação do Campo**: propostas e práticas do MST. Petrópolis: Editora Vozes, 2006.

STEDILE, João Pedro (org.); MENDONÇA, Sonia Regina de. **A Questão agrária no Brasil**: A classe dominante agrária – natureza e comportamento 1964-1990. 2. ed. São Paulo: Expressão Popular, 2010.

STEDILE, João Pedro; FERNANDES, Bernardo Maçano. **Brava gente**: a trajetória do MST e a luta pela terra no Brasil. São Paulo: Editora Fundação Perseu Abramo, 1999.

VALADÃO, Vanda de Aguiar. **Assentamentos e sem terra**: a importância do papel dos mediadores. Vitória: Edufes, 1999.

ZEN, Eliesér Toretta. **Pedagogia da terra**: A Formação do Professor Sem--Terra. 2006. Dissertação (Mestrado em Educação) – Ufes, Espírito Santo, 2006.